रज़ा : जैसा मैंने देखा

रज़ा : जैसा मैंने देखा

अखिलेश

राजकमल प्रकाशन

ISBN : 978-81-950995-3-5

मूल्य : ₹495

पहला संस्करण : 2021

प्रकाशक : राजकमल प्रकाशन प्रा. लि.
1-बी, नेताजी सुभाष मार्ग, दरियागंज
नई दिल्ली-110 002
द्वारा प्रकाशित

शाखाएँ : अशोक राजपथ, साइंस कॉलेज के सामने, पटना-800 006
पहली मंजिल, दरबारी बिल्डिंग, महात्मा गांधी मार्ग, प्रयागराज-211 001
36 ए, शेक्सपियर सरणी, कोलकाता-700 017
वेबसाइट : www.rajkamalprakashan.com
ई-मेल : info@rajkamalprakashan.com

मुद्रक : बी.के. ऑफ़सेट
नवीन शाहदरा, दिल्ली-110 032

RAZA : JAISA MAINE DEKHA
Art by Akhilesh

कवि मित्र शिरीष ढोबले और राकेश श्रीमाल के लिए

एक सीधा वाक्य

अखिलेश भारहीन और ताज़ा तरीक़े से सोचते हैं। उनके मज़मून में समसामयिकता का दबाव नहीं, एक 'मन्द्र अर्जेन्सी' है। शराफ़त और वैराग्य के बीच की जगह। एक लगातार गोधूलि। वह कहने की चुप और सादा कोशिश, जो उनके बग़ैर नहीं कहा जा पाता। यों, वह एक सीधा वाक्य लिखते हैं, जिसमें असीम व्यंजना होती है।

अखिलेश अनुभवों और अन्तर्दृष्टियों के असमाप्त विस्तार और पेचीदगियों के बीच अर्थ का एक पैटर्न पा लेने की कोशिश करते हैं। इस काम में साफ़गोई उनकी मदद करती है। उनके मन में अत्यन्त क्षिप्र, सारवान और जनप्रिय आलोचना-भाषा का आदर्श है, लेकिन उस तक पहुँचने का कोई 'शॉर्टकट' उन्हें नहीं पता। अपने अनुभव के प्रति सही-सही मानसिक प्रतिक्रिया व्यक्त करने की कोशिश में वह कभी-कभार दुस्साहस की सरहदों पर खड़े नज़र आते हैं। अकेले और निष्कवच। बेशक बाहरी शोर-ओ-गुल उनके यहाँ नहीं है, लेकिन विकल्प के तौर पर कोई आत्मशान्ति भी उनके पास नहीं है। आत्मशान्ति को बार-बार भंग कर देने की शर्त ज़रूर है। इसलिए वह बात करने की बहुत-सी विधियों को आज़माते हैं। मिसाल के लिए यही मज़मून–जो ज़्यादातर कलालोचन है; कहीं कहानी, कहीं संस्मरण तो कहीं जीवन-विवरण भी है। अन्ततः एक खण्डित

जीवनी–जो क्रमानुक्रम का अतिक्रमण करके सम्भव हुई है। अखिलेश के बखान को आदि, मध्य और अन्त में नहीं पहचाना जा सकता। यह कहानी कहीं से भी शुरू है और कहीं भी उसका पटाक्षेप हो जाता है। क़िस्सागोई की एकरेखीयता, क्लैसिकल गायकी में किसी जटिल तान के बाद राहत की एक जगह की तरह आने वाला सम और बीच-बीच में दूरी जाँचने या सुस्ताने की ख़ातिर बनाये गये मील के पत्थर यहाँ नहीं हैं।

तब यहाँ क्या है? एक किताब–जिसके फ़र्मे ज़िल्द से अलग कर लिये गये हैं और ताश के पत्तों की तरह उन्हें फेंट दिया गया है। हर पृष्ठ अपने आपमें पूरा है और पूरी किताब भी पूरी है।

अखिलेश का लेखन 'सेल्फ़ रेफ्लेक्टिव' है–एक ऐसा आईना–जिसमें वस्तु-संसार के साथ-साथ लेखक के आत्म के रेशे हिल-मिलकर झाँकते हैं। ऐसा लेखक कुछ भी लिख रहा हो, एक छिपी हुई आत्मकथा भी लिख रहा होता है। लेकिन ये इस किताब और उसके लेखक की आन्तरिक अच्छाइयाँ हैं, जो इस किताब की बाहरी ख़ासियतों से ज़्यादा या कम ज़रूरी नहीं हैं।

इस पुस्तक में अखिलेश नये लोगों के लिए एक महान् भारतीय कलाकार की बहुत भरोसेमन्द और कुशाग्र जीवनी लिख रहे हैं। रज़ा के कलात्मक जीवन के प्रमुख अध्याय जीवन-प्रसंगों और निजी अनुभवों के आलोक में बहुत दिलचस्प हैं ही, विश्लेषण से उनमें अप्रत्याशित मानी भी पैदा होते हैं। कुछ जगहों पर यह मज़मून हिन्दी में साहित्यिक आलोचना की कमी भी पूरी करने लगता है। ऐसा ही एक मक़ाम वहाँ है, जब लेखक अशोक वाजपेयी की एक मशहूर कविता और उस कविता की एक पंक्ति पर एकाग्र रज़ा के एक चित्र के बारे में बात करता है। कभी टी. एस. एलियट ने कहा था कि एक कविता की समीक्षा के सिलसिले में यह भी सम्भव है कि आलोचक कवि की लाण्ड्री का बिल भी देखे। आशय शायद यह है कि आलोचक के पास कवि और कविता का सब कुछ जान लेने का जज़्बा

ज़रूर हो। अखिलेश इस कविता की अन्तर्वस्तु की तफ़सील में कुछ-कुछ वैसे ही अशोक वाजपेयी और रज़ा की उदासियों, तकलीफ़ों, सन्देहों और मनोदशाओं को पढ़ते हैं। कमाल है कि उनका मूल्यांकन दी हुई दुनिया को स्वप्न या आदर्श की दुनिया से जोड़ता हुआ आगे आता है। अच्छी कविता और अच्छा चित्र हमारा उपचार भी करते हैं–कविता और चित्र की इस आलोचनात्मक गाथा से यह जानना भी सम्भव हुआ है। इस कविता ने और बातों के अलावा कालजयी कलाकार को स्वस्थ भी बनाया है। इसे पढ़ा जा सकता है–पढ़कर ख़ुद भी स्वस्थ हुआ जा सकता है :

> 'माँ जब लौटकर आऊँगा' चित्र कविता का चित्रण नहीं है कविता की प्रेरणा से बना चित्र है। यह प्रेरणा उन्हें पेरिस के अनुभव के बाहर खींच लाती है, और अपने देश की उस माटी-महक के बीच ले जाती है जहाँ मण्डला के घने जंगल हैं, मालवा के रंग हैं, बनारस का तन्त्र है, देश की स्मृति है। बचपन का भय है। रज़ा के बचपन का भय जीवन भर उनका पीछा करता है और उससे निजात उन्हें अपने चित्रों में ही मिलती है। रज़ा के लिए पेरिस भी एक जंगल था, जिसमें वो भटक रहे थे। यह कविता उनके मगध और अवन्ती में होने और न होने के बीच के अहसास की कविता है। वे भारत में रहते नहीं थे और फ्रांस की नागरिकता नहीं ली थी। जिस देश के नागरिक थे वहाँ उनकी उपस्थिति नहीं थी और जहाँ रहते थे वहाँ के नागरिक नहीं थे। हर बरस रज़ा का लौटना अपने देश की याद का पहलू न था, बल्कि वे उसे महसूस करना चाहते थे, उसकी मिट्टी की महक से रिश्ता बनाये रखना चाहते थे। मगर वे जानते थे कि 'लौटकर आऊँगा तो क्या लाऊँगा' एक शाश्वत अवस्था है और उनका लौटना व्यर्थ है।

रज़ा के इस गुण पर अखिलेश बार-बार ध्यानाकर्षण करते हैं कि अगर वह अपने चित्रों में किसी ख़ास वस्तु, जगह, परिस्थिति,

व्यक्तित्व का चित्रण कर रहे हैं तो वह चित्र के बाहर स्थित किसी तथाकथित मूल वस्तु का चित्रण क़तई नहीं है, बल्कि कलाकृति को देखने और समझने के इस ढंग में बहुत बिगाड़ और ग़लतफ़हमी है। वस्तुओं के सन्दर्भ में सीमित करके कला को पहचानना कमनज़री तो है ही, उसके सबसे उदात्त और मानवीय आशय से स्वयं को वंचित कर लेना भी है। सन्दर्भ के बाहर पैर रखने का आत्मसंघर्ष अगर रज़ा का है तो उसे अनेक पहलुओं और विशद व्याख्या में समझने और साक्ष्यों के ज़रिये उसे बार-बार सिद्ध करते रहने का आलोचनात्मक संघर्ष अखिलेश करते हैं।

अखिलेश के पास उद्गम के निकट प्रवहमान नदी के साफ़ पानी जैसी पारदर्शी स्मृति है, जिसके आर-पार देखा जा सकता है। अक्सर वह इतनी ठोस है कि उसे हाथों में उठाया जा सकता है। कई बार आश्चर्य होता है कि उसे इतनी तफ़सीलों के साथ सँभाला कैसे जा सकता है। एक-दूसरे में उलझी हुई अनेक स्मृतियाँ और एक को कहने की कोशिश में अनेक को कहने की विकलता। इससे एक जादू, सम्भ्रम और इन्द्रजाल जैसी चीज़ के होने का माहौल बनता है। लेकिन लेखक को माहौल से असम्पृक्त रहने की आदत है। वह 'रज़ा ने मुझे देखना सिखाया' जैसे एक सहज आप्त वाक्य से पहेली को हल कर देता है और आप सम्मोहन से बरी हो जाते हैं।

आलोचना कई बार तुलना का खेल है। कई लोग इस ख़तरनाक खेल से बचते हैं और ताउम्र अजातशत्रु बने रहते हैं; जबकि कोई या तो अजातशत्रु बन सकता है या आलोचक। दोनों नहीं बना जा सकता। अखिलेश ने आलोचना का रास्ता चुना है। संश्लिष्टता, तर्कशीलता, प्रमाण और विश्लेषण के इस व्यापार में अखिलेश साफ़गोई और अभय जैसे उपकरणों का भी इस्तेमाल करते हैं। यह किताब सिर्फ़ मीठी-मीठी बातें करके परिदृश्य के बारे में कोई भी न्यायसम्मत जोख़िम-भरा वक्तव्य न देने की

आदत को बहुत ठेस पहुँचाती है। दरअसल, अखिलेश अपनी निराशाएँ और नफ़रतें छिपा नहीं सकते। यह बात उन्हें हमारे और क़रीब ले आती है। इस पुस्तक में महान् कलाकारों की प्रत्यक्ष-परोक्ष तुलनाओं के अनेक अवसर आये हैं और हर बार विश्लेषण, संस्मरण और साहस की लय पर कोई मानीख़ेज़ स्टैण्ड लिया गया है।

रज़ा माहौल और व्यक्तित्वों की रचना करने वाले नायक की तरह इस मज़मून में आये हैं लेकिन उनके व्यक्तित्व से एक आलोचनात्मक दूरी को शुरू से अन्त तक निभाया गया है। ग़ौरतलब है कि लेखक की रुचि का दायरा अपने मज़मून की महावस्तु—रज़ा—तक महदूद नहीं है। उसमें हुसेन, स्वामीनाथन, अशोक वाजपेयी, जानीन, सूज़ा, रामकुमार और अकबर पदमसी जैसे अनेक नायकों की छवियाँ शामिल और गतिमान हैं। वे आती हैं और चली जाती हैं।

अखिलेश की इस पुस्तक की चाबी हैं ब्यौरे। कला-समीक्षकों के उद्धरणों, तिथि, स्थान और समय के ज़िक्र और ठोस पारदर्शी स्मृति ने पुस्तक को एक अव्वल शोधप्रबन्ध का वज़न सौंप दिया है। आधुनिक भारतीय चित्रकला पर काम करने वाले लोगों के लिए यह किताब एक सन्दर्भ-ग्रन्थ भी साबित होने वाली है। यों, इस किताब ने अखिलेश के ख़ज़ाने के प्रति गहरी दिलचस्पी भी पैदा कर दी है। आख़िर वह चीज़ क्या है, जिसके दम पर वह इतने असम्पृक्त, आत्मविश्वस्त और दस्तावेज़ी तरीक़े से एक जीवन-गाथा में दाख़िल होते हैं? क्या उन्होंने ऐसे पत्र, ऐसे ग्रन्थ या ऐसे ऑडियो-विज़ुअल प्रमाण इस किताब को लिखने से पहले ही अपने पास इकट्ठा कर रखे थे, जिन्हें यहाँ काम में ले आया गया है? क्या उन्हें मालूम था कि एक दिन वह यह किताब लिखेंगे? क्या वह नज़ूमी हैं, जिसे भविष्य के इतिहास में भी अपनी भूमिका का ठीक-ठाक पता रहता है? ये सब नहीं हो सकता, लेकिन हुआ है। पुस्तक में शामिल हर प्रमाण

किसी न किसी निष्कर्ष की ओर ले जाता है। पुस्तक की कोई भी स्मृति मानवीय परिस्थितियों का सरलीकरण नहीं करती। लगभग हर अन्तर्दृष्टि हमें कलाकार के उस पहलू से परिचित कराती है, जिसे अब तक जाना नहीं गया। रज़ा के असाधारण जीवन-समर, महाकाव्यात्मक उदात्तता और अद्वितीय कला के बहुत-से आयामों पर बहुत बढ़िया पहले ही लिखा जा चुका है। यह पहले से ही इबारतों से भरे हुए पन्ने पर अपना वाक्य लिखने-जैसा था। अखिलेश की तेज़ निगाह, रज़ा के कृती व्यक्तित्व के प्रति असीम अनुराग और पिछले पचास सालों के भारत की कलात्मक हलचलों का डे-टु-डे अभिज्ञान जैसे तत्त्व इस अभियान में उनके बहुत काम आये हैं।

—व्योमेश शुक्ल

प्रस्तावना

इस पुस्तक का श्रेय कवि मित्र राकेश श्रीमाल को जाता है। राकेश ने ही पहल की रज़ा के सौवें जन्मदिन के लिए मेरे द्वारा लिखे गये एक लेख को बड़ा करने और रज़ा के साथ बिताये गये लम्बे समय को विस्तार से क्रम बद्ध लिखने के लिए। इस तरह एक छोटा-सा विचार अपनी नियति में पुस्तकाकार हुआ। यह भी राकेश की ही योजना थी कि इसे धारावाहिक रूप से महीने के पहले और तीसरे शनिवार को प्रकाशित किया जाये।

यह वर्ष रज़ा की जन्मशती का है। रज़ा फ़ाउण्डेशन इस वर्ष कई योजनाएँ साल भर चलाने के तैयारियों में है। जिसकी शुरुआत रज़ा के अभिलेखागार से एक प्रदर्शनी से हो रही है। यह पुस्तक भी उसी प्रदर्शनी के शुभारम्भ पर जारी हो सके इसकी मंशा के साथ धारावाहिक रूप से *समालोचन* में अरुण देव जी के अथक प्रयत्नों से छह माह पूर्व से इसे प्रकाशित करना शुरू किया कि रज़ा जन्मशती की पूर्वपीठिका बन सके। पाठकों को रज़ा के एक पक्ष जानने और उस प्रदर्शनी तक पहुँचने का सबब भी यही धारावाहिक बन सका।

जब मैंने लिखना शुरू किया तो रज़ा के साथ गुज़ारा गया लम्बा समय बेतरतीब ढंग से मेरे सामने पसरा था। इसने मुझे उस चित्र की याद दिला दी जिसके कारण रज़ा का ध्यान मेरी ओर गया जब वे पहली बार हमारे कॉलेज आये थे और कालिदास लिखित ऋतु-संहार के श्लोक पर आधारित मेरा चित्र देखा जिसमें ग्रीष्म के प्रकोप से व्यथित नायिका अस्त-व्यस्त पसरी है और उसे भान नहीं है अपने नग्न हो जाने का। मेरे समक्ष पुनः रज़ा के साथ बिताया

गया समय उसी तरह अस्त-व्यस्त पसरा था और क्या छोड़ूँ-क्या याद करूँ का संकट मेरे सर पर सवार था। इस संकट से रू-ब-रू जिस तरह हुआ उसका परिणाम आपके सामने है। अभी भी ऐसी कई बातें इसके प्रूफ़ पढ़ते हुए मुझे याद आ रही हैं किन्तु धैर्य ने मेरा साथ न छोड़ा और सफ़ाई ने हिज्जों को ठीक किया। उनकी पत्नी जानीन के देहान्त के बाद हर वर्ष ग्रीष्म ऋतु के तीन-चार महीने उनके साथ पेरिस और गोर्बियो में गुज़रते हुए रज़ा को नज़दीक से जानने, समझने का मौक़ा मिला। रज़ा बेहद सुलझे इनसान हैं और किसी भी निर्णय तक पहुँचने में जल्दी नहीं करते थे। वे इत्मीनान से उस पर दो या तीन दिन विचार करेंगे फिर कोई निर्णय लेंगे। रज़ा अधिकांश विषय पर यहाँ तक चित्र बनाने के लिए भी चिन्तन-मनन करने के बाद ही क्रियाशील होते थे। किन्तु उनकी हर बात के केन्द्र में कला ही होती थी। रज़ा सुरुचि पसन्द, व्यवस्थित, धीर-गम्भीर थे। उनके अनेक रूप नहीं थे किन्तु उनके काम करने का सलीका साधारण और उलझा हुआ था।

इस लम्बे साथ का संक्षिप्त विवरण यह पुस्तक है। इसमें बहुत कुछ रह गया है, कुछ छोड़ा गया है, कुछ की ज़रूरत महसूस नहीं हुई और कोशिश यह रही है कि उनका व्यक्ति-चित्र प्रस्तुत सकूँ।

इसके अंश *समालोचन* में धारावाहिक प्रकाशित करने के लिए मैं अरुण देव जी का आभारी हूँ।

साथ ही सभी मित्रों का भी आभार।

—अखिलेश

अनुक्रम

रंग-भूत का सवार होना

उन्नीस सौ अठहत्तर मेरे जीवन में एक महत्त्वपूर्ण साल बन कर उभरा। यह वो साल था जब मैंने अपनी पढ़ाई पूरी कर ली थी और कॉलेज न छोड़ने के मोह ने प्रेरित किया कि मैं शिल्प कला में विशेषज्ञ कोर्स का अध्ययन करूँ। यही वर्ष था हमारे कॉलेज की स्वर्ण-जयन्ती का। देवलालीकर साहेब के सान्निध्य का। एक और घटना हुई जिसका अन्दाज़ा नहीं था और जिस घटना ने मुझे देखना सिखाया।

सर्दियों के मौसम में हम लोगों को पता चला कि इस वर्ष उत्सव कार्यक्रम में रज़ा के चित्रों की प्रदर्शनी लगेगी। इसके पहले रज़ा के चित्र न देखे थे न कोई ख़ास जानकारी थी कि रज़ा के चित्र किस तरह के होते हैं। उत्सव में हुसेन, बेन्द्रे आदि महारथियों की प्रदर्शनी हो चुकी थी अत: यह अन्दाज़ा तो था ही कि ख़ास चित्रकार की प्रदर्शनी ही होगी। हमने बात शुरू की कौन चलना चाहेगा मगर ज़्यादा उत्साह किसी ने नहीं दिखाया। अन्त में हम तीन ही लोग—क़ादिर, हरेन शाह और मैं—रज़ा के चित्रों को देखने आये। रात की ट्रेन से भोपाल बिना टिकिट आने का भय-मिश्रित उत्साह हम लोगों को सुबह-सुबह भोपाल ले आया और हम तीनों सीधे कला परिषद् चले आये जहाँ प्रदर्शनी का उद्‌घाटन होना था। सुबह दस बजे के वक़्त जब हम कला परिषद् पहुँचे तो प्रांगण में ही रज़ा साहेब मिल गये। उन दिनों सभी के मन में चित्रकार की छवि के रूप में हुसेन की छवि थी जिसमें बढ़ी दाढ़ी, अस्त-व्यस्त कपड़े, कांधे पर झोला, आदि-आदि। यह छवि इतनी आम थी कि बिना दाढ़ी के चित्रकार हो सकता है इसकी कल्पना करना मानों ज़ुर्म हो।

हमें रज़ा साहेब—सौम्य, क्लीन शेव, शानदार सूट पहने (रज़ा कपड़ों को लेकर और अन्त तक अपनी सुरुचि को लेकर अतिरिक्त रूप से सचेत रहे और यदि आप उनके साथ हैं तो वे आपके कपड़े पहनने के चुनाव को लेकर भी हमेशा सजग रहेंगे) मित-भाषी और हमारी चित्रकार की छवि के ख़िलाफ़ खड़े मिले। रज़ा को जब मालूम हुआ कि हम लोग इन्दौर से चित्र प्रदर्शनी देखने आये हैं तब उनके चेहरे पर आयी चमक देखने लायक थी। उन्होंने हम सबके नाम पूछे और उत्साह के साथ हमें गैलरी में ले गये। ये प्रदर्शनी मेरे जीवन में अमूर्त्त चित्रों की पहली प्रदर्शनी थी। दीर्घा में घुसते ही पहली नज़र में ही समझ आ गया कि अमूर्त्त चित्र हैं सो सहज ही मैंने रज़ा साहेब से कहा कि समझाइए, उन्होंने उल्टा प्रश्न किया—'आप लोग कितने दिन हैं?' मैंने कहा—'तीन दिन'। रज़ा ने कहा—'आप तीन दिन चित्र देखिये, आख़िर में बात करेंगे।' अभी पूरी प्रदर्शनी लगी नहीं थी, थोड़ा कुछ काम बाक़ी था।

बढ़ई और दूसरे लोगों के आ जाने से रज़ा साहेब उनके साथ बात करने लगे, उन्हें समझाने लगे सो हम तीनों गैलरी में अब अकेले थे, चित्रों के साथ। रज़ा के चित्र, रंगों की चमक से, पूरी गैलरी को आलोकित किये हुए थे; रंगों का आकर्षण इतना था कि वे खींचे ले रहे थे। यह रज़ा की स्वतन्त्रता का उत्सव था। इसके पहले तक रज़ा दृश्य-चित्रण ही करते रहे थे, पहले वे हिन्दुस्तान के दृश्य चित्रित कर रहे थे—ओंकारेश्वर, महेश्वर, काश्मीर, मुम्बई आदि और अब फ्रांस में रहकर वहाँ के दृश्य-चित्रण को, विशिष्ट संरचना और विधान के साथ, जिसकी तरफ़ इशारा काख्तीये ब्रेसाँ ने काश्मीर में किया था, से कहने लगे थे। सत्तर का दशक उनके लिए नयी शुरुआत थी जो उनकी अपनी शुरुआत थी, रज़ा बनने की शुरुआत। ये चित्र गवाह थे उस दृष्टि के जो रज़ा के मण्डला के जंगलों में भटकने और आत्म को महसूसने के थे।

यहाँ काख्तीये ब्रेसाँ से मुलाक़ात का ज़िक्र करना उचित होगा। रज़ा को वर्ष उन्नीस सौ अड़तालीस में छात्रवृत्ति मिली कि हिन्दुस्तान में वे यात्रा करें और दृश्य चित्र बनायें। (अब पता नहीं क्यों यह छात्रवृत्ति बन्द हो गयी) इसी दौरान वे ओंकारेश्वर, महेश्वर भी गये और काश्मीर तक पहुँचे। वहाँ उनकी मुलाक़ात प्रसिद्ध फ्रेंच फ़ोटोग्राफ़र काख्तीये ब्रेसाँ से हुई और उन्होंने चित्र देखने के बाद रज़ा को कहा कि आपके चित्र बहुत अच्छे हैं, किन्तु इनमें

कंस्ट्रक्शन की कमी है। अब छब्बीस साल के लड़के के लिए यह समझना मुश्किल था कि चित्र में कंस्ट्रक्शन क्या होता है? ब्रेसाँ ने सिर्फ़ इशारा किया कि कंस्ट्रक्शन समझना हो तो सेज़ां के चित्र देखो। रज़ा इस उलझन के साथ मुम्बई लौट आये और ज़ाहिर है सेज़ां के चित्रों के बारे में दरियाफ़्त शुरू कर दी। इसी दौरान प्रोग्रेसिव आर्टिस्ट्स ग्रुप का विचार सूज़ा और आरा के साथ मिलकर पक्का किया और तय किया कि ग्रुप बड़ा नहीं होना चाहिए। इसमें हम अपनी पसन्द के एक-एक कलाकार को लाएँगे। सूज़ा हुसेन को लेकर आये, रज़ा ने गाडे और आरा ने बाकरे को शामिल किया। इस तरह छः कलाकारों के नये ग्रुप की नींव रज़ा की ही प्रदर्शनी, जो इस छात्रवृत्ति के दौरान किये गये दृश्य-चित्रों की थी, में रखी गयी। बाद में इसी वर्ष इस ग्रुप की एकमात्र, पहली और आख़िरी, प्रदर्शनी भी हुई। रज़ा की खोज जारी रही और उन्हें पता, चला फ्रांसीसी दूतावास हर वर्ष उच्च-अध्ययन के लिए एक साल की छात्रवृत्ति देता है मगर छात्र को फ्रांसीसी भाषा आना ज़रूरी है। रज़ा ने फ्रेंच सीखना शुरू कर दिया और जब वे साक्षात्कार देने गये तो उनकी फ्रांसिसी भाषा सुनकर समिति ने उन्हें दो वर्ष की छात्रवृत्ति स्वीकृत की और रज़ा वर्ष पचास की शुरुआत में फ्रांस जा पहुँचे।

कला परिषद् में लगी यह प्रदर्शनी रज़ा के देखने का प्रमाण थी। रज़ा के चित्रकारीय जीवन का प्रमाण इन चित्रों में धड़क रहा था। ये चित्र दृश्य-चित्रण से अलग न थे किन्तु अब दृश्य बाहर नहीं था। यहाँ वे दृश्य थे जिनका अस्तित्व इस चित्र के पहले नहीं था। यह दुनिया को एक भेंट थी रज़ा की। यहाँ प्रदर्शित 'राजस्थान' दुनिया में कहीं नहीं है, यह सिर्फ़ एक चित्र है जो रज़ा ने रचा था। यहाँ प्रदर्शित 'सूर्य' किसी सूर्य का चित्रण नहीं था; यह रज़ा का सूर्य था जिसकी चमक 'सैलाब' को उस नीले रंग में समेटे थी जिसका तूफ़ान आना बाक़ी था। यही वो समय था जब रज़ा ने तैल-चित्रण छोड़कर एक्रिलिक रंगों का प्रयोग शुरू किया था, जो चित्रकला की दुनिया में बिलकुल ही नये थे। साठ के दशक में रज़ा कैलिफोर्निया के बर्कले विश्वविद्यालय में पढ़ाने तीन वर्ष के लिए गये थे और साठ के दशक की शुरुआत में ही ऐक्रेलिक रंगों की खोज हुई, जिसे कैलिफोर्निया के बाज़ार में उतारा गया। जहाँ रज़ा का परिचय इस नये माध्यम से हुआ और उसकी जलरंगीय विशेषता देख रज़ा ने तैल-चित्रण से मुक्ति पायी। ये चित्र नये माध्यम से बने थे, उनका कलेवर भी

नया था और रज़ा के लिए यह नयी शुरुआत थी। इसी दौरान रज़ा को अपनी दिशा भी मिली। अजित मुखर्जी की पुस्तक 'तन्त्र' ने चित्रकला की दुनिया में नये रूपाकार, जिनका सम्बन्ध तान्त्रिक साधना से था, का खुलासा किया और बहुत से आधुनिक चित्रकार इसकी तरफ़ आकर्षित हुए। कई ने तो हू-ब-हू चित्रण करना शुरू कर दिया और अन्त तक करते रहे मगर रज़ा ने उन्हें समझने और आत्मसात् करने में, इन रूपाकारों को बचपन के अनुभव के साथ सींचने में, सिझाने में, लम्बा समय लिया और चित्रकला का नया अध्याय शुरू हुआ जिसे हम रज़ा के चित्रों के नाम से पहचानते हैं। इसमें प्रदर्शित चित्र *सैलाब* या *राजस्थान,* सैलाब या राजस्थान का चित्रण नहीं है, वह इन संज्ञाओं का शाब्दिक संरचनात्मक चित्रण भी नहीं है, जिसे मेटास्केप कहा जा सके, न ही ये चित्र उन दृश्यों की कल्पना का चित्रण है। वह इन सब पारम्परिक चित्रण से दूर रंग-अहसास का चित्रण था, जिसमें मुझे पहली बार यह समझ आया कि रंग 'माध्यम' नहीं, चित्रकला का प्रमुख 'तत्व' है। लाल रंग की प्रमुखता में विकर्षण नहीं है आकर्षण है, उसका स्वभाव आक्रामक नहीं है वह शान्त और सुन्दर है। 'राजस्थान' चित्र में लाल रंग के साथ अन्य रंगों का सम्बन्ध विशेष है। उसमें लगाया सफ़ेद चित्र की धड़कन है। इन चित्रों ने रंगों की मेरी आम समझ को झकझोर दिया। मुझे वैनगॉग के पत्र की स्मृति हो आयी, जिसमें वह अपने भाई थियो को लिख रहा है कि 'भविष्य का चित्रकार रंगों का चित्रकार होगा'—यह मैं फलित होते देख रहा था।

पूरी प्रदर्शनी में रंग वाचालता साफ़ झलक रही थी और इन रंगों ने मुझे अपनी गिरफ़्त में ले लिया। तीन दिन तक मैंने लगातार इन चित्रों को ध्यान से देखा और जाना कि रज़ा के काम करने का ढंग क्या है, उनके रंग लगाने और चित्र शुरू करने की प्रक्रिया क्या है। मेरे दोस्त अपनी मेल-मुलाक़ाती प्रवृत्ति के चलते बाक़ी दिन भोपाल के कलाकारों से मिलने चले जाते थे और जाने के पहले वे मुझे कला परिषद् छोड़ने ज़रूर आते। रज़ा ने भी देखा कि मैं लगातार गैलरी में ही उनके चित्रों के साथ समय बिताता दिख रहा हूँ। आख़िरी दिन वे मेरे पास आये और बोले आइये मैं आपको समझाता हूँ। मैंने कहा अब मैं समझ चुका हूँ और रज़ा की प्रसन्नता का पारावार न रहा। वे चले गये और हम लोग इन्दौर चले आये।

मेरे ऊपर रंग-भूत सवार था। मैंने अपनी पढ़ाई प्रथम श्रेणी में पास की थी (उस वर्ष बाक सभी द्वितीय श्रेणी में पास हुए थे) और रंग-प्रयोग भी ठीक-ठाक ही किया करता था। अब यह रंग-प्रयोग मेरे लिए मुसीबत बन गया था और मैं इस बात की कोशिश करने लगा कि रंगों को उनकी शुद्धता में कैसे लगाऊँ। रंग अब चुनौती बन गये थे।

भोपाल से इन्दौर लौटते हुए पूरे रास्ते सोचता रहा कि रज़ा अपने चित्र की शुरुआत कैसे करते होंगे। अक्सर काले रंग से। हरेन और क़ादिर ने इस यात्रा में रज़ा के चित्रों को मेरी नज़र से देखना शुरू किया। इन्दौर पहुँच कर भी रज़ा के रंग मेरा पीछा नहीं छोड़ रहे थे। किसी एक दिन कॉलेज में सक्सेना सर ने बतलाया कि रज़ा आ रहे हैं और उनके स्वागत में एक प्रदर्शनी लगायी जानी है जिसमें शहर के कलाकार और कॉलेज के छात्र जिन्होंने डिप्लोमा कर लिया है सभी के चित्र शामिल होंगे। यह जिम्मा हम सब उत्साही छात्रों ने उठाया और दो दिन में सभी चित्र इक्कटठे कर लिए गये। सक्सेना सर के निर्देशन में शानदार प्रदर्शनी लगायी गयी। और वह दिन भी आ गया जब रज़ा हमारे कॉलेज की सीढ़ियाँ चढ़ रहे थे। मुझे नहीं पता था कि उनकी उपस्थिति में कुछ राज़ खुलने वाले हैं जिसमें से एक यही था कि रज़ा और सक्सेना सर सहपाठी रहे हैं। हम सभी विद्यार्थी कॉलेज के हाल के बाहर वाली जगह पर खड़े थे। रज़ा और सक्सेना सर सीढ़ियाँ चढ़कर आये। हम सबने उन्हें नमस्ते किया और रज़ा ने उसका जवाब देते हुए सक्सेना सर से पूछा प्रदर्शनी कहाँ लगी हुई है, मैं पहले वही देखना चाहूँगा और अकेले। सक्सेना सर ने हाल का दरवाज़ा खोला और इशारा किया अन्दर जाने का। हम सब यह देखते रहे रज़ा हाल में चले गये। सक्सेना सर अपने कमरे में, जहाँ शहर के अन्य कलाकार बैठे थे। जिसमें मेरे पिता भी थे। कुछ देर बाद रज़ा हाल से निकले और तेज़ी से सक्सेना सर के कमरे में गये और सभी कलाकारों को लेकर वापस प्रदर्शनी हॉल में चले गये। हम सब विद्यार्थी इन्तज़ार कर रहे थे प्रदर्शनी के उद्घाटन और रज़ा के सम्बोधन का। थोड़ी देर बाद हॉल का दरवाज़ा खुला और सक्सेना सर बाहर आये। मेरी तरफ़ देखा और कहा आप अन्दर आइये। मैं हॉल का दरवाज़ा खोलकर अन्दर पहुँचा तो देखा रज़ा सभी लोगों के साथ मेरे चित्र के सामने खड़े हैं और मुझे आते हुए देख ज़ोर से बोले—'This is the only painting in this hall' सभी मुझे देख रहे थे

जिनमें विष्णु चिंचालकर, डी. जे. जोशी, दुबे सर, पिताजी, मिर्ज़ा इस्माइल बेग, शान्तिलाल जैन, सासवड़कर सर, सक्सेना सर, वसन्त अगाशे, डी. सी. जयन्त आदि सभी अन्य कलाकार थे और मुझे अचानक बहुत शर्म आयी कि इस प्रदर्शनी में इन सभी श्रद्धेय और वरिष्ठ कलाकारों के चित्र लगे हैं जो मेरी प्रेरणा के स्रोत रहे हैं, उनके बीच मेरे चित्र की तारीफ़ रज़ा साहेब कर रहे हैं। मैंने सर झुकाया और उनके पास पहुँचा। एक बार फिर रज़ा ने वही वाक्य दुहराया और इस बार मेरे पिता ने कहा वो मेरा बेटा है। रज़ा ने उनकी तरफ़ देखा और फिर मुझे कहा बहुत बढ़िया काम करते हैं आप। मैं सर झुकाये सब सुन रहा था और यह ख़त्म होने के इन्तज़ार में था। रज़ा ने एक बार और तारीफ़ की। मैंने उन्हें बताया कि यह चित्र कालिदास के श्लोक पर आधारित है। ऋतु संहार उनकी रचना है जिसमें ऋतुओं का वर्णन है और यह ग्रीष्म ऋतु के वर्णन में नायिका जो गर्मी से लगभग बेसुध हो विश्राम करने की कोशिश में है और इस उपक्रम में उसका वस्त्र विन्यास अस्त-व्यस्त हो रहा है इसका भी ज्ञान उसे नहीं है। रज़ा को इतना सुनना था कि वे मुग्ध हो गये और एक बार फिर चित्र को देखा। वे देख रहे थे, मैं उन्हें नमस्कार कर बाहर निकल आया। फिर सभी कार्यक्रम शुरू हुए। मंच पर बैठे तो सक्सेना सर ने स्वागत करते हुए अपने भाषण में बतलाया कि वे और रज़ा साथ पढ़ते थे और मेरे पिता एक साल सीनियर थे। मध्य-प्रदेश से परीक्षा के लिए ये तीनों मुम्बई जाया करते थे। तब परीक्षा तीन महीने चला करती थी और ये तीनों एक कमरा किराये पर लेकर साथ रहा करते थे। सक्सेना सर उज्जैन के थे। रज़ा नागपुर और पिता इन्दौर से। उन चार-पाँच वर्षों की इनकी मित्रता घनिष्ठ हो गयी थी और वे परीक्षा के दिनों में छुट्टी वाले दिनों में लैण्डस्केप करने मुम्बई और आस-पास की जगह जाया करते थे। सक्सेना सर ने भावुक होते हुए रुँधे गले से कहा आज भरत और राम के मिलाप का दिन है। यह संयोग ही था कि रज़ा चौदह साल बाद अपनी जन्म-भूमि मध्य-प्रदेश आये थे। सक्सेना सर ने इन्हीं चौदह साल को अपने वक्तव्य के केन्द्र में रखा। पिता ने भी उन दिनों के कुछ संस्मरण सुनाये जिनमें से एक यह था कि किसी विद्यार्थी के पूछने पर रज़ा ने उसे सलाह दी कि चित्र में नीले आसमान की जगह गहरा पीला रंग लगा कर देखें। और उस विद्यार्थी को इस छोटे से परिवर्तन के कारण अच्छे नम्बर मिले थे।

वह दिन मेरे लिए ही नहीं सभी विद्यार्थियों के लिए सीखने का रहा। रज़ा ने प्रदर्शनी ध्यान से देखी और जिनके चित्र पसन्द आये उनसे बातें की। विद्यार्थियों के साथ मिलने-बात करने में जो रस रज़ा को मिल रहा था, उसका अन्त आना ही था। इस बीच उन्होंने मुझसे कहा मैं आपके और चित्र देखना चाहता हूँ, कभी मौक़ा लगेगा तो ज़रूर देखूँगा। रज़ा कॉलेज की सभी कक्षाओं में गये और वहाँ सभी के साथ घुलमिल गये। इस बीच मैंने पिता से कहा रज़ा साहेब मेरे और चित्र देखना चाहते हैं, आप उन्हें घर आमन्त्रित कीजिये। उन्होंने कहा, तुम ही आमन्त्रित कर लो, व्यस्त हैं, सरकार के मेहमान हैं, शायद ही समय हो। रज़ा राजकीय अतिथि थे और उनके साथ सुरक्षा के लिए पुलिस के दस लोग भी थे जो इस पूरे कार्यक्रम में एक तरफ़ ही खड़े रहे। जब रज़ा चलने लगे मैंने उन्हें आमन्त्रित किया। वे रुके और जेब से डायरी निकाल कर देखने लगे। दूसरे दिन का कार्यक्रम पूरी तरह से भरा हुआ था। उन्होंने कहा, सुबह सात बजे से मैं व्यस्त हूँ। मैंने तत्काल कहा, मैं छः बजे लेने आ जाऊँ? आप जहाँ ठहरे हैं वो मेरे घर से दो मिनट की दूरी पर है। रज़ा रेसीडेंसी कोठी में ठहरे थे जो हमारे घर से वाक़ई दो मिनट की दूरी पर थी। रज़ा ने कुछ सोचा और डायरी में नोट करने के लिए पेन निकाला। मुझसे पूछा—आपका नाम क्या है? डायरी में लिखा—अखिलेश सुबह छः बजे।

मैं अतिरिक्त उत्साह से भर चुका था और मुझे फिर अन्दाज़ा नहीं था कि रज़ा के घर आने पर कुछ और खुलासे होने हैं। रज़ा की शालीन, गरिमामय उपस्थिति और उनका बोलना, साथ ही हर चित्र के ख़ूबसूरत हिस्से पर नज़र रखना और उस पर बात करना यह सब हम लोगों को मुग्ध कर गया था। उनके जाने के बाद हम लोग हॉल में देर तक रज़ा के बारे में ही बात करते रहे और चित्रों को उनकी नज़र से देखने की कोशिश करते रहे। रज़ा ने हम लोगों के सोचने के ढंग में नया पक्ष पैदा कर दिया था।

एक्रेलिक रंगों का तोहफ़ा

दूसरे दिन सुबह ही मैं रेसीडेंसी कोठी जा पहुँचा। रज़ा तैयार हो वे बाहर ही बैठे थे। मैंने उन्हें नमस्ते कहा। वे मुझे देखकर ख़ुश हुए और बैठने का इशारा किया। एक बार फिर उन्होंने मुझसे चित्र के विषय में पूछा और डायरी निकाल कर कालिदास, ऋतु संहार नोट किया। पौने छः बज चुके थे। उन्होंने घड़ी देखी। उनका लवाज़मा अभी तक नहीं आया था, इसकी चिन्ता उनके चेहरे पर दिखने लगी। उन्होंने मुझसे ऐक्रेलिक रंगों के बारे में पूछा। ज़ाहिर है कि मैं पहली बार सुन रहा था इस तरह के रंग के बारे में और कुछ नहीं जानता था। उन्होंने उसकी विशेषता बतलायी और अन्दर कमरे में चले गये। लौटते में उनके हाथों में ऐक्रेलिक रंग का डब्बा था। उन्होंने देते हुए कहा आप इसे इस्तेमाल कर देखें। आपको इसमें जल रंग और ऑइल कलर, दोनों का, इफ़ेक्ट मिलेगा। मैंने खोल कर देखा। ऐक्रेलिक रंग की बारह ट्यूब करीने से सजी रखी थीं। नये रंग का रोमांच मेरे भीतर उठा और बैठ गया। उन दिनों हम लोग बहुत काम किया करते थे। मैं, प्रकाश घाटोले, दरियाव आदि कुछ गम्भीर विद्यार्थी थे और हमें सक्सेना सर ने छूट दे रखी थी कि देर तक रुक कर काम कर सकते हैं। कॉलेज बारह बजे बन्द हो जाता था और सभी विद्यार्थी चले जाते थे। साढ़े बारह तक हम दो-चार ही बचते थे जिनकी रुचि काम करने में थी।

ऐसे ही एक दिन हमारे ऑफ़िस के मेहता बाबू ने मुझे बुलाकर कहा, आपकी इस साल की फीस जमा नहीं हुई है। उनके कहने का अर्थ था कि पिता कई दिनों से आये नहीं हैं। वे ही मेरी फीस जमा कर दिया करते थे। मैंने भी

ध्यान नहीं दिया था और शाम को घर पर पिता से कहा कि मेरी फीस जमा नहीं हुई है। मेहता बाबू आपको याद कर रहे थे। पिता ने दो रुपये देते हुए कहा ये जमा कर देना। अभी तक के चार महीने की फीस, बाक़ी मैं बाद में आकर जमा कर दूँगा। मेरे आश्चर्य का विषय था कि हमारे कॉलेज की फीस आठ आना महीना थी। इससे ज़्यादा की हम लोग चाय पी जाते थे। साल भर की फीस छह रुपये। उन दिनों रंग महँगे आते थे और रंग की कमी लगातार सताती थी। एक ट्यूब पिचहत्तर पैसे की आती थी और ख़रीदना सम्भव नहीं था। बहुत काम करते थे, सो रंग-संकट बना रहता था। इस रंग-कमी को दूर करने का उपाय खोजा गया।

कॉलेज में ऐसी कई छात्राएँ थीं, जो शादी के इन्तज़ार में कॉलेज भर्ती हो जाती थीं और उनके लिए पैसे की कोई कमी न थी। हमने, घाटोले, दरियाव और मैं, कॉलेज में यह बात फैला दी कि जिसे भी सेशनल वर्क कराना है तो हम लोग कर देंगे। यह काम मुफ़्त में करेंगे। सिर्फ़ रंग और अन्य सामग्री हमें दे दी जाये और हफ़्ते भर में अपना सेशनल ले जाये। कुछ ही दिनों में कई लड़कियों ने हमें रंग आदि लाकर दे दिए। इससे दो फ़ायदे हुए। एक, हम लोगों को काम करने का ज़्यादा मौक़ा मिलता, दूसरा रंग बहुत बच जाते थे ख़ुद के काम के लिए। जब इतने सारे रंग देखे तो मेरी बाँछे (श्रीलाल शुक्ल की स्मृति में सादर) जहाँ कहीं भी थी खिल गयी।

इधर रज़ा साहेब की चिन्ता बढ़ रही थी। वे राजकीय अतिथि थे और उनका कारवाँ सुबह पौने छः बजे आ जाना चाहिए था, जो अभी तक नहीं आया था। बेकरारी में उन्होंने मुझसे चाय के लिए पूछा और खानसामा को आवाज़ लगायी कि दो कप चाय बना दीजिये। उनकी बेचैनी छिपी नहीं। वो कॉलेज और शहर के कला माहौल के बारे में बात कर रहे थे और उनका ध्यान दूसरी तरफ़ भी था। मैंने उन्हें बताया मेरी पहली प्रदर्शनी के बारे में। एक सौ दस फ़ीट की एक ही ड्राइंग के बारे में। थोड़ी देर के लिए वे मेरी बातों में दिलचस्पी लेने लगे। उन्होंने कहा कि वो ड्राइंग देखना चाहेंगे। जब मैंने उन्हें बताया कि निकालते वक़्त फट गयी तो उन्होंने कहा कि कलाकार की ज़िम्मेदारी सिर्फ़ चित्र बनाना ही नहीं, बल्कि अपनी कलाकृतियों की देखभाल, रख-रखाव, फ्रेमिंग, मॉउंटिंग आदि पर भी पकड़ रखने की होती है।

यह बात बाद में जाकर खुली जब पेरिस और गोर्बियो (गोर्बियो, दक्षिणी फ्रांस में रज़ा का ग्रीष्मकालीन घर-स्टूडियो है जहाँ वे हर वर्ष गर्मियाँ शुरू होते ही चार महीने के लिए चले जाते थे) में मैंने उनके साथ कुछ वक़्त गुज़ारा और देखा कि रज़ा साहेब अपना चित्र बनाने के बाद उसकी फ्रेमिंग भी ख़ुद ही करते थे। उसी दौरान उन्होंने बताया कि कैसे करन काटी जाती है। कैसे उसको नब्बे के कोण पर काटकर आपस में मिलाया जाता है और कैसे ये काम ख़ुद ही अकेले करना चाहिए, बिना किसी बढ़ई के मदद के। रेसीडेंसी कोठी के उस एकान्त में बैठे जब रज़ा साहेब ये सब मुझे बता रहे थे तब मेरा ध्यान इस पर कम गया। कम गम्भीरता से इन सब बातों को सुना, मेरा आनन्दातिरेक इस बात में था कि रज़ा साहेब घर आने वाले हैं और उन्हें ले जाने के लिए मैं आया हुआ हूँ।

अब तक रज़ा साहेब का धैर्य चुक गया था फिर भी उन्होंने बताया कि ऐक्रेलिक रंगों के लिए कैनवास भी ख़ास क़िस्म का होता है। यहाँ मिलने वाले कैनवास तैल-रंगों के लिए बने हुए हैं जिन पर इन रंगों को लगाया नहीं जा सकता। इन रंगों का आधार पानी है और वो कैनवास तैल-रंग के लिए बना है तो ये रंग उस पर टिकेंगे नहीं। ये मेरे लिए नयी बात थी। हम लोग एक ही कैनवास को जानते थे। वो कैनवास भी गुणवत्ता में खरा नहीं उतरता था। रज़ा साहेब ऐक्रेलिक कैनवास के बारे में बता रहे थे। उन्होंने पूछा कि क्या यहाँ मिलता है ये कैनवास। मैंने बताया कि सिर्फ़ एक ही तरह का कैनवास मिलता है। वे अन्दर चले गये और जाकर ऐक्रेलिक कैनवास का रोल उठा लाये और मुझे देते हुए कहा, आप इस कैनवास पर इन रंगों का इस्तेमाल कीजियेगा। ये विशेष रूप से इन्हीं रंगों के लिए बना है। मेरे पास दो चीज़ें हो गयी थीं।

रज़ा साहेब ने सीढ़ियाँ नीचे उतर कर उस मार्ग की तरफ़ देखा, जहाँ से पुलिस कारवाँ आने वाला था। उसका कोई निशान न पाकर वे लौट आये। खानसामा चाय ले आया और कप में चाय डालकर हम दोनों के सामने रख चला गया। हम लोग चाय पीने लगे। रज़ा साहेब के चेहरे पर चिन्ता झलक रही थी। छः बज चुका था और रज़ा बेचैन हो रहे थे। इत्मीनान से चाय पी गयी। जब थोड़ा और समय गुज़रा उन्होंने मुझसे कहा कि आप कह रहे थे घर पास ही है, दो मिनट का रास्ता है। चलो, चलते हैं। उन्होंने खानसामा को बुलाकर

हिदायत दी कि उनका कार-कारवाँ आये तो उन्हें यहीं रोकना। मैं वापस यहीं आऊँगा। हम दोनों पैदल चल दिए। रेसीडेंसी कोठी के गेट तक पहुँचे ही होंगे कि धड़धड़ाती हुई उनकी तीन कारें आकर रुकीं। उनमें से कुछ पुलिस इंस्पेक्टर उतरे और सैल्यूट मार कर बीच वाली कार का दरवाज़ा खोल कर खड़े हो गये। रज़ा ने पहले उन्हें समय पर न आने पर झाड़ा फिर हम दोनों बैठे। कार चल पड़ी। मेरे लिए दूसरा आश्चर्य घर पर इन्तज़ार कर रहा था।

मेरा घर कार से और पास आ गया था और उतरते वक़्त रज़ा ने कहा—वाक़ई दो मिनट का रास्ता था, नहीं तो यहाँ दो मिनट का बोलते हैं और घण्टों में मिनट बदल जाते हैं। रज़ा साहेब ने तत्काल ही बतलाया कि पेरिस में भारत से आने वाले मित्रगण समय का ध्यान नहीं रखते और ख़ुद का मूल्य नहीं समझते हैं। कहते कुछ हैं करते कुछ। शाम को आने का वादा करेंगे और नहीं आयेंगे, फ़ोन भी नहीं करेंगे। फिर चार दिन बाद मिलने पर भी नहीं बतायेंगे कि क्यों नहीं आये। पूछने पर, अरे हाँ, एक काम आ गया था इसलिए नहीं आ सका, कहकर भूल जायेंगे। ये बात आप ध्यान रखियेगा, जो व्यक्ति अपने बोले गये शब्दों पर ख़ुद भरोसा नहीं करता उसके शब्दों पर दूसरे लोग भरोसा क्यों करेंगे।

कार रुक चुकी थी। पुलिस वाले ने दरवाज़ा खोला और कार से उतरने से पहले रज़ा ने घर की तरफ़ ग़ौर से देखा। फिर उतरे। उनका स्वागत पिता, देवेश और क़ादिर ने किया। क़ादिर जो मेरा बचपन का मित्र था। वह कॉलेज में नहीं पढ़ता था और चित्र बनाता था। उसे रज़ा साहेब से मिलने का मौक़ा मिल सके और अपने काम दिखा सके, इसलिए मैंने उसे घर बुला लिया था कुछ चित्र लेकर। वह सुबह ही आ गया था। क़ादिर हँसमुख स्वभाव का प्यारा इनसान है। उसका परिचय कराया; रज़ा साहेब युवा कलाकारों में रुचि रखते हैं यह तब नहीं पता था। वे राजकीय अतिथि थे और एक मशहूर व्यक्ति। उनके इस प्रभामण्डल से हम लोग प्रभावित थे। इसके पहले हमारे घर कोई राजकीय अतिथि नहीं आया था।

और अब मेरे दूसरे अचम्भे की बारी थी। रज़ा घर में घुसे कुछ इस तरह से, मानो यह जगह उनकी परिचित हो। वे अन्दर आये एक नज़र भर उन्होंने दीवार पर देखी, मैंने एक तरफ़ अजन्ता का एक दृश्य चित्रित किया हुआ था

दूसरे पर काँगड़ा मिनिएचर, राधा-कृष्ण का चित्र बनाया हुआ था। बने चित्रों को देखा और बीच के कमरे से होते हुए दालान में आये। फिर ख़ुद ही उस कमरे में पहुँचे, जो घर में मम्मी का कमरा नाम से जाना जाता था। हमारे घर में तीन-चार तख़्त हुआ करते थे। वे इतने बड़े और भारी थे कि सिर्फ़ दीवाली की सफ़ाई के वक़्त ही पुताई के लिए उन्हें खिसकाया जाता था, जिसके लिए भी चार या पाँच लोग लगा करते थे। रज़ा साहेब ने कमरे को देखा। कमरे में रखे उस तख़्त की ओर इशारा कर रज़ा ने पिता से पूछा यहीं सोता था न मैं। पिता ने सर हिलाकर मुस्कुराते हुए कहा, हाँ। रज़ा साहेब ने कमरे की दीवारों को छुआ। उनकी आँखों में तरलता की चमक थी। रज़ा कमरे से बाहर आये। दालान में ध्यान से देखते हुए आँगन में गये। वहाँ घुटनों के बल बैठ गये और मिट्टी उठाकर अपने माथे लगायी। फिर आँगन में लगे दो अमरूद के पेड़ देख कर बोले—ये पेड़ नहीं थे यहाँ? पिता ने बतलाया—हाँ, ये नये पेड़ हैं वो ख़त्म हो गये थे। रज़ा ने आँगन ध्यान से देखा। आँगन में एक बेल का वृक्ष और दो अमरूद के पेड़ थे। गुलाब का झाड़ीनुमा पौधा था। वे पेड़ के पास गये, उन्हें छुआ और वापस आये। रज़ा ने ध्यान से कवेलू वाली छतों और आँगन के दूसरे हिस्सों पर नज़र डाली मानों अपने बिताये हुए समय को ढूँढ़ रहे हों। मेरे लिए यह सूचना चौंकाने वाली थी कि रज़ा इस घर में रह चुके हैं।

मैंने क़ादिर से अपने काम दिखाने को कहा। क़ादिर को मैंने दो-चार काम लाने को कहा था, वो लगभग तीन सौ काम ले आया था। क़ादिर का छोटा भाई कुद्दूस भी आया हुआ था। रज़ा ने काम देखना शुरू किये। बीच-बीच में रज़ा कुछ पूछते भी जा रहे थे। क़ादिर का उत्साह भी मौजूँ था। जल्दी ही रज़ा ने देख कर मुझसे कहा—मुझे आपके काम देखना है। पिता उन्हें अन्दर जो आगे का कमरा कहलाता था और ड्राइंग-रूम था ले आये। वे अन्दर कमरे में आये। वहाँ बैठ मेरे कुछ काम देखे। मुझे इस बात पर भी आश्चर्य था कि रज़ा घर में रह चुके थे। यह बात पिता ने कभी मुझे बतायी न थी। बल्कि कॉलेज में भी ऐसे ही मिल रहे थे मानों परिचय की प्रगाढ़ता हो ही नहीं। वर्ष अड़तालीस में जब रज़ा को हिन्दुस्तान घूमते हुए दृश्य-चित्रण की छात्रवृत्ति मिली थी, उस दौरान वे इन्दौर हमारे घर तीन-चार महीने रहे थे, हमारा घर उनका बेस-कैम्प था। यहीं से वे औंकारेश्वर, महेश्वर और दूसरी जगह

लैण्डस्केप करने जाया करते थे। इतने लम्बे समय रज़ा घर में रहे हैं, पिता उनके दोस्त हैं, यह बात पिता ने कभी नहीं बतायी और कॉलेज के स्वागत भाषण में भी इसका ज़िक्र तक नहीं किया। रज़ा का इस तरह से नज़दीक होना मुझे समझ नहीं आ रहा था और दूरी का अहसास भी था। रज़ा का स्नेह और उनका सरोकार साफ़ दिख रहा था। कुछ और बातें भी हुईं, जिनसे मुझे निराशा ही हुई। पिता ने हमें हर अवसर को मनाने का सादा तरीक़ा बतलाया हुआ था। सादगी और सुरुचि उनका विशेष गुण था। वे हमेशा इस बात के लिए चौकन्ने रहते थे कि विशेष अवसर पर कुछ ख़ास न करो, तो कम-से-कम साफ़-सुथरे कपड़े पहनो। उनकी सुरुचि से कोई भी प्रभावित हुए बिना नहीं रहता था किन्तु आज उन्होंने घर में पहनने वाली लुंगी और बेतरतीब से स्वेटर पर शॉल ओढ़ रखा था। जो मुझे बिलकुल ही अच्छा नहीं लगा था।

रज़ा, जो सुरुचि का विशेष ख़्याल रखते थे, उनके मित्र द्वारा उनका स्वागत इतनी आत्मीयता से हुआ और उन्होंने रज़ा को पहले की तरह ही बर्ताव किया। रज़ा जितनी भी देर रहे, कुछ खाया नहीं। उनके लिए तरह-तरह का नाश्ता बनाया गया था, जो उनकी सेवा में लगे पुलिस वालों की भेंट चढ़ गया था। रज़ा ने सिर्फ़ कॉफी पीने की इच्छा ज़ाहिर की और रुचि से मेरे काम और स्केच बुक देखते रहे। कुछ सुनते, बताते रहे। उन्होंने पिता से उनके समय की कुछ बातें शुरू कीं। बड़े मियाँ के कबाब से लेकर जे. जे. की कठिन परिस्थिति पर बात चली। थोड़ी देर में वे दोनों पुराने दोस्त दिनों की स्मृति में गोते लगा रहे थे। रज़ा सिर्फ़ एक घण्टे के लिए आये थे। उन्हें सात बजे किसी और से मिलने जाना था किन्तु अब देर हो चुकी थी। उन्होंने एक पुलिस अफ़सर से कहा उन्हें जाकर बतला आने को कि वे देर से आयेंगे। रज़ा ने सुबह का समय मेरे घर और अपने दोस्त के साथ उन स्मृतियों में बिताया जो उनके समय की थीं। मेरे लिए यह नयी सूचना थी और पिता के निरपेक्ष होने की इन्तहा भी।

रज़ा का इन्दौर आना मेरे लिए ही नहीं, सभी कलाकारों के लिए उत्साह और प्रेरणा का कारण था। हम सबके मन में हुसेन की शाश्वत छवि कलाकार की छवि थी। जिस पर हल्की-सी खरोंच लग चुकी थी। हम सभी को अहसास

हुआ कि कलाकार के प्रकार कई हो सकते हैं। ऐसा नहीं है कि इसकी कोई अनुभूति मुझे न थी या अन्य कलाकारों को न थी। मेरे पिता ख़ुद चित्रकार थे और हमारे घर शहर के सभी कलाकार आया करते थे और वे सब एक-दूसरे से बेहिचक अलग थे। विष्णु चिंचालकर और धवल क्लान्त में ज़मीन-आसमान का फ़र्क़ था। किन्तु रज़ा जैसा कोई कलाकार देखा न था। इसके पहले हुसेन, बेन्द्रे, रामकुमार आदि से मिल चुके थे किन्तु हुसेन के अलावा किसी की शख़्सियत में यह दम न था कि प्रभाव पड़े। रज़ा इन सबसे अलग सौम्य कलाकार की तरह मस्तिष्क में दर्ज हुए।

सैलाब में नीले का घर

रज़ा इन्दौर से वापस भोपाल चले गये। और छोड़ गये उनके रंग। उनके चित्र मेरे मन-मस्तिष्क के आकाश पर फैल चुके थे। मुझे रंगों की महत्ता का अहसास हो रहा था। घर पर आने वाले कलाकारों से पूछता था कि चमकदार पीला या नीला कैसे लगाया जा सकता है और उनके जवाब अलग होते थे। उन सभी का अपना अनुभव था, जिसे वे बताते किन्तु मेरे हासिल कुछ न आता। मैं रज़ा की तरह तो रंग नहीं लगा सकता था किन्तु रंग वैभव के असर को पकड़ना चाहता था। चित्र में रंग का असर गहरे महसूस कर चुका था और उसके प्रभाव में था।

मेरे पिता के एक विद्यार्थी थे धवल क्लान्त, जिनके चित्र बनाने का ढंग उन दिनों इन्दौर में काम कर रहे अन्य कलाकारों से अलग था। मुझे उनके चित्र पसन्द थे। मैंने उनसे भी पूछा। उनका जवाब था यदि रंग समझना चाहते हो तब छह महीने सिर्फ़ काले रंग में काम करो। मुझे मानो राह मिल गयी। उन्हीं दिनों मैंने ब्लैक ग्रुप बनाने की योजना पर काम शुरू किया। हम आठ चित्रकारों का यह ग्रुप रंग पर भी काम करेगा ऐसा तय किया गया। हर वर्ष किसी एक रंग को चुन सभी सदस्य उस रंग में चित्र बनायेंगे। इस तरह रंग परिचय भी होगा। उस वर्ष काला रंग चुना गया। रंग जानने के इस सार्वजनिक जतन ने काम नहीं किया। किन्तु मेरे जुनून ने इस काले रंग के साथ अगले दस साल तक बाँधे रखा। रज़ा के चित्र याद थे और उनके रंग-वैभव का पीछा मैं काले रंग से कर रहा था।

उदाहरण के लिए, उनका नीला रंग लें। *सैलाब* नाम के उस चित्र में यह रंग इतना मुखर है कि आँखों को भरोसा नहीं हुआ। यहाँ उनका नीला अपनी गोपन गहराई को खोलने के लिए उत्सुक दिखता है। यह रंग इतना ज़्यादा देखे जाने वाला रंग है, जिसका अहसास हमें नहीं होता। लाखों सालों से मनुष्य के सिर पर तने हुए आकाश का रंग। पृथ्वी के तीन-चौथाई हिस्से में फैला हुआ रंग। शिव के कण्ठ में एक पारदर्शी उपस्थिति। प्रशान्त स्मृति और रहस्यमय प्रकृति का रंग। यह नीला रज़ा के इस चित्र में सुलगता दीखता है।

यह रंग, यह राजसी नीला अपने शान्त स्वभाव के लिए जाना जाता है। यही नितान्त शान्त रंग रज़ा के इस चित्र *सैलाब* में पारदर्शी हो जाता है। इसकी ओट में अनेक जलते हुए क्षण की ऊष्मा को दर्शक अनुभव कर सकता है। चित्रकला के संसार में कुछ नीले उदाहरण हमें याद आते हैं। *गुएर्निका* में काला और ग्रे के साथ विषण्ण, मन्थर नीला, ईव्स क्ले का गहरा निमग्न नीला, सूज़ा, हुसेन के चित्रों का नीला, बेन्द्रे के चित्रों का नीला। अनेकश: नीला और नीला। यह रंग अनेक मन:स्थितियों और अभिव्यक्तियों से ताल्लुक रखते हुए आपको आकर्षित करता है। राजसी वैभव के साथ इसका ऐतिहासिक और सांस्कृतिक रिश्ता, इसकी ठण्डी, शमनकारी, अनुशासित निषेधात्मकता, इसका एकाकीपन, इसकी रहस्यात्मक तटस्थता और इसी के साथ दूसरे जघन्य पक्ष भी नील की व्याप्ति में शामिल हैं। कैनवास पर नीला, विलक्षण है, सुन्दर ढंग से विषण्ण है, मृत्युपर्यन्त अनुभूत वहाँ बना रहता है।

रज़ा के इस चित्र में नीला का दूसरा पक्ष है जो निश्चय ही इस नीले का नया आयाम है। वे उसकी शान्त उदासी को पोंछकर एक नवजात ज्वलन्त नीले का आविष्कार करते हैं।

रज़ा के पिता वन-विभाग में काम करते थे और रज़ा उनके साथ जंगल-जंगल भटका करते थे। शायद रज़ा के मन में उस जंगल के अँधेरे में रंग को खोजना रंग की कई परतों को जानना हुआ। भटकते हुए जंगल के रहस्यों में रंग के रहस्य को खोज निकालना, रज़ा की बचपन-स्मृति का अंश होगा, जिसे इतने सालों की भटकन के बाद रज़ा ने हासिल किया। *सैलाब* में रज़ा ने नीले रंग को जिस लापरवाह तरीक़े से लगाया, उसमें एक ख़ास क़िस्म का चौकन्नापन है। सधे हुए ढंग से अराजक होना आसान नहीं है। रज़ा के रंग

आकर्षित करते हैं और हमें सम्मोहित करते हैं। इस सम्मोहन के रास्ते हमें एक असीम अधिभौतिक अवकाश में ले जाने के लिए भी अभिप्रेरित करते हैं। यह अवकाश हमें रंग के मर्म तक पहुँचा सकता है—रंगों के उस आध्यात्मिक जगत में जहाँ वे अपनी पहचान में जीते हैं, जहाँ वे किसी भी दूसरी इयत्ता में अनूदित नहीं किये जा रहे हैं। वे यहाँ शुद्ध रंग हैं। रंग का मर्म, रंग का घर प्रतीत होता है या यूँ भी कह सकते हैं : *सैलाब* में नीले रंगों को अपना घर मिल गया है। यहाँ वे आवेगशील ढंग से आकर्षक, उदास और सघन हैं, यह प्रांजल अवस्था है। आध्यात्मिक अवस्था।

रज़ा और रंग एक हो गये लगता है। रंग का आचरण रज़ा की सोच से संचालित होता लगता है। यह नीला रज़ा को अपने समकालीनों से अलग करता है। यह रंग प्रयोग किसी और चित्रकार द्वारा किया गया हो ऐसा मैंने अब तक देखा न था। रंग अब तक मेरे लिए प्राथमिक नहीं थे उनके महत्त्व का अहसास इस एक प्रदर्शनी से हुआ। इसने मेरे देखने को प्रभावित किया, बल्कि खोल दिया। हमने पढ़ा था कि बेन्द्रे रंग-बाज़ हैं किन्तु रज़ा के चित्र देखकर मुझे लगा रज़ा रंग को समझते हैं। रंग के साथ उनका संवाद चलता है। रज़ा ने रंग के पारम्परिक उपयोग से इतर अपनी पैलेट तैयार की है। इसमें रंग माध्यम नहीं बचा। उधर बेन्द्रे के रंग लगाने में जोख़िम नज़र नहीं आता। वे एक सुन्दर चित्र कैसे बनाया जा सकता है, इसमें सिद्धहस्त थे। उनके चित्रों में रंग-शहद था। मनभावन, सजावटी रंग बेन्द्रे के चित्रों का सार है। उन रंगों में रोमांच नहीं है न देखने में कोई प्रेरणा मिलती है। उस एक प्रदर्शनी से मुझे कई बातें पता चली। रज़ा और हुसेन, हुसेन और बेन्द्रे, बेन्द्रे और बी. प्रभा, बी. प्रभा और अमृता शेरगिल के बीच के फ़र्क़ दिखायी देने लगे। चित्र देखने की तमीज़ पैदा हो रही थी।

रज़ा के चित्रों में दूसरा चित्र *राजस्थान* था जो मुझे बहुत कुछ किसी मिनिएचर चित्र जैसा लगा। उसमें रंग प्रयोग *सैलाब* से अलग था। चित्र में लाल रंग की प्रमुखता उसके आकर्षण का कारण था। रज़ा ने उसका लाल कुछ इस तरह लगाया था कि वह दर्शक को अपनी तरफ़ खींच लेता है। रंग में विकर्षण नहीं था। इस चित्र को देखकर लगा कि रंग का व्यवहार रंग नहीं तय करता चित्रकार करता है। रज़ा ने लाल में वह चमक और चौधराहट भर दी थी

कि उसके ठाठ नज़र आ रहे थे। यह सब मैं उन दिनों ही समझ गया, ऐसा न था। यह कुछ ऐसा था कि आपके विचार को कोई खोल गया। अब आप जब भी कोई रंग देख रहे हों तब सिर्फ़ रंग ही नहीं देख रहे हो बल्कि उस रंग के सहारे अभिव्यक्ति की क्षमता, रंग से रंग का सम्बन्ध, रंग का दुनिया से सम्बन्ध, रंग के अन्य प्रयोग, अन्य कलाकारों द्वारा रंग प्रयोग यानि अनन्त राह पर विचार चल पड़े। हम उसी देखने को लगातार परिष्कृत करते रहते हैं। यह परिष्कार दूसरों को बाँटते भी हैं। रज़ा के इस चित्र में लाल रंग के सम्बन्ध अन्य रंगों के साथ कुछ ऐसे बने थे कि वे लाल के ललाई को और उजागर कर रहे थे। रंग-सम्बन्ध पर मेरा ध्यान पहले कभी नहीं गया था। यहाँ देखकर मुझे लगा सिर्फ़ लाल रंग लगाने से लाल रंग नहीं दिखता बल्कि अन्य रंगों के सन्दर्भ में लाल रंग प्रकट होता है। यह प्रकटन का विचार पहले कभी नहीं आया था। रंग का प्रकट होना ही उसकी आभा है। और प्रकटन के लिए दूसरे रंग होना ज़रूरी है। दूसरे रंग का कौन-सा टोन हो यह जानना ज़रूरी है। टोन कितना गहरा या हल्का हो यह अनुभव की बात है। रज़ा रंग के बारे में सोचते हैं। इस सोच में रंग-सम्बन्ध पैदा होते हैं। रज़ा रंग देखते हैं और यह देखना प्रकृति प्रदत्त है जिसमें प्रकृति चित्रण से यह समझ शायद बनी हो या कि बचपन में जंगल-जंगल भटकने से। कहना मुश्किल था किन्तु रंग-प्रमाण सामने थे। उसका प्रभाव था। रज़ा रंगों से प्रेम करते हैं। यह स्पष्ट था।

रज़ा के रंग आकर्षित करते हैं। वे रंग प्रबुद्ध हैं। रज़ा रंगों, रंग-सम्बन्धों, रंग-विचार से रंग को रंग के क़रीब ले आये। इसी प्रदर्शनी में उनकी कलाकृति 'सूर्य' प्रदर्शित थी। जिसमें सूर्य नहीं था। एक काला बिन्दु, कैनवास चार भागों में विभाजित था और सबसे नीचे वाले चौकोर में एक काला गोल सूर्य चमक रहा था। यह उस सूर्य का चित्रण नहीं था, जिससे सब परिचित हैं। यदि मैं कह रहा हूँ कि काला सूर्य चमक रहा है तो वास्तव में वह चमक नहीं रहा था। रज़ा ने उसे काले रंग से चित्रित किया, जिसमें ज़्यादा पानी डाल लेने से रंग की चमक फीकी पड़ जाती है। इस तरह का काला रंग लगाया। एक फीका सूर्य, जिसकी चमक उस चित्र में अन्य तीन चौकोर में चित्रित रूपाकारों के सान्निध्य में सूर्य अपनी चमक हासिल कर रहा है। इस चित्र की संरचना में ज्यामिति का इस्तेमाल किया रज़ा ने और वह चार छोटे-छोटे कैनवास में विभाजित होकर एक चित्र का हिस्सा थे। शेष तीन विभाजित चौकोर में रज़ा

के उन दृश्य-चित्रण का अनुभव चित्रित था जो अब कहीं नहीं हैं। याने वे दृश्य-चित्रण की स्मृतियाँ नहीं थी। न ही वह दृश्य-चित्रण का अनुभव था। यह पूरी तरह चित्र की प्लास्टिसिटी है। चित्र की चित्रात्मकता इसी से बन रही है। रज़ा चित्र को दृश्य, अनुभव, अहसास से बाहर ले आये और चित्र अपनी इयत्ता में खड़ा हुआ है। इस अवसर पर एक छोटा-सा कैटलॉग बाद में प्रकाशित हुआ था, जिसमें मृणाल पाण्डे ने रज़ा के चित्रों पर लिखा :

> अपनी उन्मत्त कला ऊर्जा से दमकते रज़ा के चित्रफलकों का हमारी रंग संवेदना पर तात्कालिक असर तो एक हर्षपूर्ण अचम्भे का होता है, कि कैसे यह सम्भव हुआ होगा? कि परिचित रंगों के ये अपरिचित आयाम कहाँ छुपे रहे होंगे अब तक? पर चैन से बैठ कर सोचने के बाद लगता है कि उनकी सारी असाधारणता के बावज़ूद उनका संयोजन कितना अपरिहार्य था। रंगों के इस फलकबद्ध संसार में वे रंगाकार सिर्फ़ उसी माध्यम से गढ़े जा सकते थे, अन्य प्रकारेण नहीं, और उस चित्र धरातल पर वे उसी प्रकार आ सकते थे, और किसी रूप में नहीं। हर बेहतरीन कलाकृति की तरह रज़ा की कला का मुहावरा एक साथ अद्वितीय भी है और सार्वभौम भी। बात विरोधाभासी लग सकती है, पर कला के उस संसार के परिप्रेक्ष्य में, जहाँ तर्क निरन्तर तर्कातीत से टकराता है, सत्य हमेशा विरोधाभासी ही प्रतीत होता है। रज़ा के चित्रों को हम चाहे जिस तरह देखें, हम पायेंगे कि मूर्त्त से अमूर्त्त होने की पूरी जैविक प्रक्रिया बहुत सुथराई और सहजता से उनमें अभिव्यक्त हुई है। और ज्यों-ज्यों उनकी कला प्रौढ़ होती गयी है, बाह्य अलंकरणों, यात्रा में उपादानों के प्रति मोह ख़ुद-ब-ख़ुद पीछे छूटता चला गया है। पर इकहरे होते जाने की इस दुस्साध्य और जोख़िम से भरी-पूरी, उनके रंगाकारों की रचनात्मक ऊर्जा बरकरार रही है। चाहे वह फीकी आभा से चमकता धूमिल सूर्य का ज्यामितिक आकार हो, या पगलाये नीले सैलाबों का हहराता अमूर्त्त उफान। हर कहीं उनकी कला ऊर्जा के दुर्धर्ष आवेग में एक सुनिश्चित दिशा है, जो पिघले इस्पात-सी कलाकार की माध्यमगत पकड़ का दृढ़ अहसास दर्शक को निरन्तर देती जाती है। उनके फलक देखते हुए कई बार मुझे किंग लियर के विदूषक का कथन याद आया है—'उसके उन्माद में भी एक व्यवस्था है।'

रज़ा के रंग-प्रयोग पर मृणाल पाण्डे ने बहुत ही भेदी नज़र से लिखा है। इसी कैटलॉग में प्रसिद्ध फ्रांसीसी आलोचक पॉल गोथिये लिखते हैं :

संसार का मूल, समस्त चेतन जीवों का आधार 'बिन्दु' शक्ति का, ऊर्जा का आदि स्रोत है, और इस बिन्दु में ही पाँच महातत्वों का समावेश हुआ है। क्षिति, जल, पावक, गगन, समीर। इन पाँच महातत्वों के अनुरूप ही ज्योति के वे पाँच स्रोत हैं जो सूर्य किरणों में मूल रंग बनकर घुल-मिल गये हैं : कृष्ण (काला), पद्म (पीत), नील (नीला), तेजस (लाल), शुक्ल (श्वेत)। ज़ाहिर है रज़ा ने इन मूल परिकल्पनाओं को लेकर ही कला के क्षेत्र में पदार्पण नहीं किया, बल्कि वे अपनी कला के माध्यम से इन तक पहुँचे हैं। फ्रांस में लम्बा अरसा बिता चुकने के बाद ही यह बात उन्होंने महसूस की है और उनका बार-बार भारत लौटना इसी का अंग है। राजपूताना क़लम से निकली रागमालिका अनुकृतियों के मूल में भी यही भावना काम कर रही है। रागों में, रागमालिकाओं में, वैष्णव धर्म के विशुद्ध चिन्तनमूलक भक्ति अंग में, सब में रज़ा कला के मूल तत्वों को निरन्तर टटोलते रहे हैं—सूक्ष्मातिसूक्ष्म परिवर्तनों को भी उकेर पाते हैं जो दिन के उगने से लेकर डूबने तक, हमारे चारों ओर निरन्तर होते रहते हैं। पाँच तत्वों, पाँच इन्द्रियों और ओढव स्वर समूह के अनेकानेक प्रकारों को लेकर यहाँ उनके विभिन्न मेलों की सृष्टि की गयी है—चरम कमी, अन्तिम लय यही कि आत्मा ही विशुद्धतम पदार्थ बन जाये।

इस तरह हम देखते हैं कि रज़ा के चित्रों पर बात करते हुए पूर्व और पश्चिम के लोग एक ही तरफ़ इशारा कर रहे हैं। रज़ा के चित्रों का वो रहस्यमय आकर्षण जो उनमें अचम्भा भर देता है। यह अचम्भा रज़ा द्वारा रंग के नितान्त नये सम्बन्धों को उजागर करता है और इसीलिए हम इस नयी अनुभूति के समक्ष ठगे से खड़े रह जाते हैं।

हुसेन की प्रेमिकाएँ और रंग-बाज़ बेन्द्रे

रज़ा के इन चित्रों से मध्य प्रदेश के कई युवा कलाकार प्रभावित हुए। रज़ा के चित्रों को मध्य-प्रदेश कला परिषद् ने अपने संग्रह के लिए ख़रीद लिया। इन चित्रों की बिक्री का पैसा रज़ा ने लेने से इनकार किया और सारा पैसा युवा कलाकारों में तक़सीम करने का निर्देश देकर वापस चले गये। अशोक वाजपेयी ने, जो उन दिनों मध्य प्रदेश सरकार में सम्भवतः शिक्षा सचिव थे, शिक्षा विभाग जो संस्कृति के लिए भी कार्य करता था, इस पैसे को कैसे विधिवत युवा कलाकारों तक पहुँचाया जाय इस पर विचार करना शुरू किया। लगभग एक साल के जी तोड़ परिश्रम से यह तय किया कि इतना ही पैसा सरकार की तरफ़ से मिलाकर 'रज़ा पुरस्कार' की स्थापना की जाये, जो हर वर्ष कविता और चित्रकला के लिए दिया जायेगा। अगला एक साल इस बात में लगा कि इस पुरस्कार का नाम रज़ा-पुरस्कार ही हो जिसके लिए रज़ा मुश्किल से माने। रज़ा के राजकीय अतिथि बनकर चौदह साल बाद प्रदेश में आने पर अशोक जी ने रज़ा-कैटलॉग में प्रशस्ति में लिखा :

विचलनों के बरक्स : रज़ा

सैयद हैदर रज़ा का नाम उन चित्रकारों में अग्रणी है जिन्होंने स्वतन्त्रता के बाद भारतीय चित्रकला को उसकी अलग पहचान और आधुनिक भारतीय व्यक्तित्व दिया। पिछले लगभग तीस वर्षों से समूचे संसार के कला केन्द्र पेरिस में रहकर और उसकी सक्रिय आधुनिकतम सौन्दर्यचेतना को आत्मसात् करते हुए श्री रज़ा की कला ने अपनी मूल भारतीय जड़ों से जीवनग्राही

सम्बन्ध सक्रिय रखा। उनकी कला इस बात का सबसे विश्वसनीय साक्ष्य है कि अन्ततः भारतीय कला मानस आधुनिक दबावों और चुनौतियों का अपनी सृजनात्मक शर्तों पर सामना करने में पूरी तरह समर्थ है। रज़ा ने किसी सतही या नाटकीय भारतीयता या रूपाभिप्रायों का सहारा नहीं लिया। उन्होंने मध्य प्रदेश में बिताए अपने बचपन की यादों, नर्मदा के उद्गम के पास की रातों के रहस्य और भय, जंगलों और आदिवासी हाट-बाज़ारों की आदिम जीवन्तता, राजस्थानी मिनिएचर कला की सूक्ष्मताओं, प्राच्य दर्शन की अद्वैतवादी धारणाओं से अपनी कला के लिए एक ऐसा समृद्ध और अद्वितीय आधारलोक अर्जित किया है जो अपनी ऊर्जा और दृढ़ता में अप्रतिम है। अपने समय के अस्तित्व को उसकी रहस्यमयता और पवित्रता में रंग-व्यक्त करने के प्रयत्न में रज़ा ऐसी अभिव्यक्ति तक पहुँच सके हैं जो मानवीय वातावरण को अन्तरिक्ष से और इतिहास को प्रागैतिहास से जोड़ती है। स्वयं को काल के अन्तर्तम में रोप कर उनकी कला ने ऐसे समावेशी अनुभव को रूपायित किया है जो समकालीन होते हुए भी कालातीत है। मूर्त्त और अमूर्त्त से परे, अँधेरे के भय और उजाले की सुरक्षा को एकत्र करते हुए रज़ा ने एक सच्चे भारतीय कलाकार की तरह अपने सृजन में परस्पर विरोधी तत्वों को सहेजा है और ऐसी श्रेष्ठ कला को जन्म दिया है जो निस्सन्देह कालजयी है। उसकी अस्मिता हमारे समय के मनुष्य की मूल रंगतों के आपस में घुल-मिलकर शान्त और आत्मीय होने से बनी है। उसमें आदिम शक्ति के साथ आधुनिक परिष्कार है। ऐन्द्रिक उपस्थिति के साथ आध्यात्मिक दीप्ति। उनकी रंगविकलता के पीछे अभिव्यक्ति के ऐसे सारे ख़तरे उठाने का साहस छुपा है जो मनुष्य की अपने संसार से बुनियादी एकता की सहज सचाई को सारे विचलनों के बरक्स स्थायी रूपाकार देकर उभार सके।

रज़ा के चित्रों के कारण जो रंग-परिचय हुआ उसके लिए बेचैनी बढ़ने लगी और मैं लगातार काले रंग से काम करने लगा। उसमें कोई हल नहीं मिल रहा था किन्तु कुछ समय बाद खोज से ज़्यादा उत्सुकता उसकी प्रक्रिया में होने लगी। यह कुछ उसी तरह का था, जैसा कि वह क़िस्सा, जो कुछ इस तरह है—कॉलेज के दिनों में हुसेन की एक पुस्तक आयी। यह हुसेन पर सम्भवतः पहली बड़ी पुस्तक थी। उसका आकार-प्रकार विशाल और मोटा था। हमारे प्राचार्य चन्द्रेश सक्सेना सर ने सभी विद्यार्थियों को बुलाकर उस पुस्तक के

बारे बताया और यह भी कि यह विद्यार्थी इसी कॉलेज में पढ़ा है। फिर उन्होंने हुसेन का तीन वर्ष का डिप्लोमा भी निकाल कर दिखाया। हुसेन के बारे में एक छोटा-मोटा व्याख्यान दिया और ख़ुशी-ख़ुशी उस पुस्तक को दिखाया। हम सब लोगों के लिए यह पुस्तक अचम्भा ही थी। किसी हिन्दुस्तानी चित्रकार पर यह पहली इतनी मोटी पुस्तक थी। जिज्ञासा और कुतूहल से वह पुस्तक देखी और अपनी कक्षा में चले गये। उन दिनों हम लोग अन्तिम वर्ष में थे। थोड़ी देर बाद सक्सेना सर ने हम चार-पाँच लोगों को फिर से बुलाया और उस पुस्तक में वह पन्ना खोला जिस पर हुसेन का प्रसिद्ध चित्र 'बिटवीन स्पाइडर एंड द लैम्प' छपा था। वह चित्र दिखाते हुए उन्होंने कहा—यह देखिये, यहाँ हुसेन ने गाली लिखी है। हम लोगों ने बहुत ध्यान से देखा और पढ़ने की कोशिश करते रहे किन्तु समझ नहीं आया। उसके बाद यह दिनचर्या का हिस्सा हो गया कि रोज़ उस चित्र को देखते और गाली पढ़ने की कोशिश करते। किन्तु वहाँ लिखे तीन अक्षर म, स और ई और कुछ संकेत दिखायी देते। कुछ दिनों बाद मैं यह भूल गया कि वह चित्र हम क्यों देख रहे हैं बल्कि उस चित्र को देखने लगे और उसकी विशेषताओं के बारे में बात करने लगे। यह सक्सेना सर का प्रयास था कि हम अपने समय की श्रेष्ठ कलाकृति से अपना परिचय बढ़ायें। कई वर्ष बाद मैंने हुसेन को यह क़िस्सा सुनाया कि किस तरह हम लोगों ने उस चित्र के साथ अपना सम्बन्ध बनाया यह जानकर कि आपने गाली लिखी है या उसका कोई संकेत वहाँ छोड़ा है। हुसेन ने हँसते हुए कहा, नहीं वे मेरी प्रेमिकाओं के नाम के प्रथम अक्षर हैं। उन दिनों मेरी तीन प्रेमिकाएँ थीं। इसी तरह मेरे साथ हो रहा था। उस काले रंग के साथ मेरा मन उसके विस्तार में जाने लगा और रंग की खोज पीछे कहीं रह गयी। इतने समय में रज़ा के रंगों के साथ रिश्ता बन गया था। उस अचम्भे को आँखों में भर लिया था और अब हर कहीं रंगों की वह चमक दिखायी देने लगी थी। प्रकृति के अनेक अंग उसी का हिस्सा नज़र आ रहे थे। मेरा मन रज़ा के दूसरे काम देखने के लिए उत्सुक था। साथ ही रज़ा के साथ पत्र संवाद शुरू हुआ। इस पत्र-व्यवहार का एकमात्र कारण हमारे ही कॉलेज के पहली बैच के यशस्वी कलाकार नारायण श्रीधर बेन्द्रे बने। उन दिनों मुझे प्रदर्शनी लगाने और उसके लिए मौक़ा ढूँढ़ने में मज़ा आता था। हमारे मित्र भालू मोंढे, जो बेन्द्रे साहब के रिश्तेदार भी हैं, ने बताया कि बेन्द्रे आने वाले हैं और उनके घर हफ़्ता भर रहेंगे। बस फिर क्या

था ताबड़तोड़ एक योजना बनायी। शहर के कुछ कलाकारों की प्रदर्शनी की और भालू मोंढे के घर जा पहुँचे, बेन्द्रे साहब से उद्घाटन का निवेदन करने के लिए। उन दिनों भालू फार्म हॉउस में रहते थे जिसके एक कोने में उनका मकान था और सामने की तरफ़ विशाल खेत, बाग़ीचा। हम लोग—मैं, हरेन शाह, दरियाव, प्रकाश घाटोले, सुबह-सुबह भालू के घर पहुँचे। उन्होंने हमें सुबह ही आने को कहा था और यह समय बेन्द्रे साहब के नाश्ते का समय होता था। इसलिए वे कुछ आराम से मिल सकते हैं। भालू ने हमें भी नाश्ते के लिए आमन्त्रित किया था। भालू ने इशारा किया बेन्द्रे साहब वहाँ बैठे हैं आप लोग वहीं चलो, हम नाश्ता लेकर वहीं आ रहे हैं। बेन्द्रे साहब वहाँ दूर धूप सेंकते हुए लॉन में कुर्सी पर बैठे अख़बार पढ़ रहे थे। पूरा दृश्य ही एक चित्र था। हम लोग उनके पास पहुँचे और उन्हें नमस्कार किया, जिसका कोई जवाब नहीं मिला। मुझे थोड़ा आश्चर्य हुआ फिर सोचा कि अख़बार में कोई बुरी ख़बर पढ़ रहे होंगे इसलिए सुन नहीं पाये। हम सभी कुर्सियों पर बैठ गये। एक सन्नाटा-सा छाया हुआ था, जिसमें अख़बार के सरसराने की या बीच-बीच में किसी चिड़िया की आवाज़ सुनायी दे जाती थी। उस भारी सन्नाटे में हम लोग बैठे रहे और बेन्द्रे अख़बार पढ़ते रहे। उम्रदराज बेन्द्रे अपने व्यस्त जीवन से कुछ दिन निकालकर विश्राम करने के विचार से इन्दौर आये हुए थे। जब कुछ समय बाद भालू और प्रतिभा जी नाश्ता लेकर आये और मेज़ पर रखकर मराठी में उन्होंने बेन्द्रे साहब को सूचना दी कि नाश्ता लग चुका है। बेन्द्रे साहब ने अख़बार एक तरफ़ रखा और नाश्ते के लिए प्लेट उठाकर भरने लगे। उन्हें अख़बार से मुक्त देख एक बार और हम सबने उन्हें नमस्ते किया जो शायद वे पोहे-जलेबी और ऑमलेट की सुगन्ध में सुन न सके। वे नाश्ता करने में व्यस्त हो गये और प्रतिभा जी ने हमें आग्रह किया, हम सब भी नाश्ता लेकर उसमें व्यस्त होने के नाटक करते हुए इन्तज़ार कर रहे थे कि एक बार बेन्द्रे साहब हमें देखें। जब वे चाय की प्याली भर रहे थे मैंने उनसे निवेदन किया, सर, हम लोग एक प्रदर्शनी लगा रहे हैं जिसके उद्घाटन के लिए आपसे अनुरोध है। पहली बार उन्होंने कुछ कहा वो भी बग़ैर मेरी तरफ़ देखे कि नहीं मैं उद्घाटन नहीं करूँगा। यह ठीक भी था कि कलाकार का मन नहीं है उद्घाटन करने का। मैंने उनसे आग्रह किया कि सर, हमारी प्रदर्शनी तीन दिनों के लिए है और हम चाहते हैं कि किसी भी एक दिन आप वहाँ

आयें। नहीं, मैं नहीं आऊँगा। बेन्द्रे साहब की आवाज़ इतनी कटु होगी यह हम लोगों को पता न था। उन्होंने अपनी चाय पीकर प्याली रखी और अख़बार उठाकर वापस पढ़ने लगे। उनका यह कृत्य मुझे बहुत अपमानजनक लगा। ऐसा नहीं था कि वे मुझे नहीं जानते थे, वे पिता के मित्रों में से एक थे और कई बार घर आ चुके थे, हम सब से परिचित भी थे। उन्होंने हम चारों की तरफ़ देखा तक नहीं। ये बात असहनीय थी। जैसे-तैसे हम लोग भालू के घर से निकले और रास्ते में आने वाली पुलिया पर मैंने साइकिल रोककर अपने तीनों मित्रों से बेन्द्रे के चित्रों की आलोचना शुरू कर दी। भालू के घर तीन-चार चित्र लगे थे जिन्हें हम सब ने कई बार ध्यान से देखा हुआ था और उसकी तारीफ़ भी किया करते थे। उनके रंग लगाने के साहस की प्रशंसा भी आपस में करते थे। उन दिनों तक हमें यह पढ़ाया जाता था कि बेन्द्रे हिन्दुस्तान के अकेले चित्रकार हैं जो रंग-बाज़ हैं। मैंने आहिस्ता-आहिस्ता उनके रंगों और उससे उत्पन्न प्रभाव की आलोचना उस वक़्त तक की, जब तक मन शान्त नहीं हुआ। इसी दौरान मैंने बेन्द्रे के रंग-प्रयोग की तुलना रज़ा के रंग-प्रयोग से की जिसमें रज़ा के रंग-प्रयोग के जोख़िम और उसका सघन प्रभाव का ज़िक्र था। बाद में मुझे भी अपने इस विश्लेषण पर आश्चर्य हुआ। नतीजे में मैंने रज़ा को पहला ख़त इसी बात को लेकर लिखा, जो लगभग चौदह पन्नों का था। उस ख़त का कोई जवाब नहीं आया और मैं भी भूल-भाल गया।

दृश्य देखना-रचना

रज़ा ने ख़त का जवाब नहीं दिया या बाद में जैसा मैंने उन्हें जाना कि वे विवाद आदि से बचने का प्रयास करते रहे हैं। उन्हें अपने काम से मतलब रहता था। मैं भी भूल गया कि कोई ख़त लिखा था। उसके बाद बेन्द्रे साहब से मुलाक़ात हुई और मैंने उन्हें इस बारे में बताया कि कैसे आपने हमारी नमस्ते तक का जवाब ही नहीं दिया। वे हँसते हुए बोले, ये हो नहीं सकता। और उन्हें याद ही नहीं था कि भालू मोंढे के घर एक सुबह हम चार लोग उनसे मिलने आये थे। ख़ैर, वे शर्मिन्दा थे। उन्होंने कहा, प्रदर्शनी लगाओ, मैं न सिर्फ़ उद्घाटन करूँगा बल्कि भाषण भी दूँगा। यह फिर कभी नहीं हुआ। कॉलेज के बाद मैं अपनी नौकरी में लग गया और दिन-रात चित्र बनाने का ख़्याल और स्टूडियो और मित्र, चर्चा, कविता आदि में समय तेज़ी से गुज़रने लगा।

रज़ा के रंगों ने नयी दिशा, ऊर्जा का संचार किया और जिज्ञासा बढ़ गयी थी। रज़ा, जो उन्नीस सौ पचास में फ्रांसीसी छात्रवृत्ति पर फ्रांस गये थे और फिर वहीं बस गये। उन्होंने वहाँ लगभग साठ साल रहकर अपनी रचनात्मकता से सभी को मुग्ध किया। उनके जीवन का महत्त्वपूर्ण समय शुरू होता है जब उन्नीस सौ छप्पन में उन्हें 'प्री दी ला क्रितीक' पुरस्कार मिला। इस पुरस्कार की महत्ता उनके राष्ट्रीय पुरस्कार से ज़्यादा थी। इसका कारण सिर्फ़ यह था कि वार्षिक प्रदर्शनी में अन्य पुरस्कार के चयन के बाद इस पुरस्कार का चयन चौदह कला-समीक्षक करते थे। पेरिस के इन चौदह कला-समीक्षकों का किसी एक चित्र पर सहमत होना सामान्य-साधारण बात नहीं थी और इस

पर भी कि वह एक विदेशी कलाकार को दिया जाये।

रज़ा के चित्रों में दृश्य-चित्रण का मूल स्थान है। यदि हम शुरुआती चित्र देखें तो उनमें भी रज़ा दृश्य-चित्रण ही करते मिलते हैं। उन्हें छात्रवृत्ति भी इसी काम के लिए मिलती है। मुम्बई में उनकी पहली प्रदर्शनी भी इन्हीं चित्रों की होती है, जिसमें प्रोग्रेसिव आर्टिस्ट ग्रुप की नींव रखी जाती है। प्रोग्रेसिव आर्टिस्ट ग्रुप के कर्ता-धर्ता फ्रांसिस न्यूटन सूज़ा थे। प्रोगेसिव आर्टिस्ट ग्रुप की प्रदर्शनी में रज़ा साहेब ने अपने दृश्य-चित्र दिखाये थे। अस्सी के दशक तक रज़ा के चित्रों का आधार दृश्य-चित्रण ही रहा। वे सीधा दृश्य-चित्रण नहीं करते थे किन्तु उसकी मूल कल्पना दृश्य ही होती थी। छात्रवृत्ति पर पेरिस जाने पर उनका जीवन एक छात्र की तरह रहा, जिसमें पैसे की किल्लत से लेकर मौसम, शहर, मिज़ाज, और एकोल द बोजार में संग-साथ पढ़ने वालों के साथ सम्बन्ध, सम्पर्क बनाने में रज़ा को कुछ साल लगे। लेकिन दृश्य-चित्रण जारी रहा। सेज़ां के चित्र देखे और कंस्ट्रक्शन का विचार समझा। जिसका परिणाम चित्रों में दिखायी देने लगा और दृश्य-चित्रण में ज्यामिति का प्रभुत्व बढ़ गया। चित्र में साफ़-सुथरी चित्रकारी दिखायी देने लगी। इटेलियन गाँव हो या सुदूर फ्रांस का कोई इलाक़ा, सबमें सीधी रेखाओं और मकान के स्पष्ट चित्रण ने जगह ले ली थी। रज़ा को यात्राओं में मज़ा आता था और दृश्य-चित्रण के लिए फ्रांस हो या यूरोप के अन्य देश, सभी में ज्यामितिक रूपाकार स्पष्ट दिखायी देते हैं। यह स्पष्टता रज़ा के चित्रों में उम्मीद से ज़्यादा दिखायी देने लगी। अब रज़ा के चित्रों में स्पष्ट रूप और शुद्ध रंग, त्रिकोण, चौकोर, गोलाकार चित्रों की शैली बनने लगे। शायद रज़ा को ज्यामिति के महत्त्व की समझ इन्हीं दिनों पैदा हुई जो आख़िर तक उनके चित्रों में रही।

रज़ा के चित्रों के रूपाकार साधारणतः प्रारम्भिक थे, जो वैश्विक भाषा को सम्बोधित थे। रज़ा की यह ख़ासियत भी थी कि वे अपने स्कूल को नहीं भूले थे। दमोह के उनकी पाठशाला के शिक्षक नन्दलाल झारिया को अक्सर याद करते रहे, जिन्होंने इस बिखरे बदमाश लड़के को एकाग्र होना सिखलाया था। उन्होंने स्कूल की दीवार पर कोयले से बिन्दु बनाकर उसे देखते रहने की सज़ा रज़ा को सुनायी थी और इस तरह की सजा रोज़ पाने से रज़ा का मन स्थिर होना सीख गया था। रज़ा का चंचल मन अब चाहने पर एकाग्र हो दृश्य को

देखना और रचना सीख चुका था। बचपन की वह सीख रज़ा के जीवन में कभी महत्त्वपूर्ण स्थान लेगी यह उन्होंने कभी सोचा न था। रज़ा एक सुसंस्कृत घर से आ रहे थे और उनके पिता के संस्कार ने बच्चों की पढ़ाई-लिखाई पर विशेष ध्यान दिया था। अब रज़ा की दिलचस्पी कविताओं में बढ़ने लगी। रिल्के की कविताएँ और अन्य फ्रांसीसी कविताएँ पढ़ना रज़ा की दिनचर्या में शामिल हुआ। रज़ा के लिए हिन्दी, उर्दू, फ्रांसीसी और अँग्रेज़ी भाषाओं पर समान अधिकार उन्हें यह सुविधा दे रहा था कि इन भाषा की कविताओं को पढ़ने के सुख और उनके साथ सम्बन्ध बनाने और कभी-कभी उनसे प्रेरित हो एक चित्र की कल्पना भी कर सकते थे।

इस दौरान के उनके चित्रों पर फ्रांस के जाने-माने कला आलोचक पॉल गोथिये लिखते हैं :

> उनके चरित्र के अभिलक्षण, बचपन के हादसे। जंगल का भय, रात्रि के अँधेरे का डर, प्रात:कालीन प्रसन्नता जिससे मिलकर वे बने हैं। एक तेज़-मिज़ाज चिन्तनशील, दृढ़, बहुरंगी प्रभाव वाले व्यक्तित्व के लिए सब कुछ लिखा जा चुका है जो उन्हें बनाने में मदद करता रहा है। दिन और रात की लय, सूर्य की बारिश की, जो उनके आधार की सतह पर है, उनके दृश्य-चित्रों का गतिशील चक्र। 'प्रकृति' और 'होने' के बीच सम्बन्धों पर उनके चुनाव की एकाग्रता और कारणों की इस खाई के आकर्षण के लिए कोई भी अचम्भित हो सकता है। क्योंकि इस तरह आसानी से वश में कर लिए जाने के कारण कला के नियम अपनी समस्त प्रांजलता के साथ उन अज्ञात अन्त:प्रज्ञा के सामने लचीले हैं।

इन्हीं चित्रों के बारे में जाक लासानिये लिखते हैं :

> रज़ा के इन चित्रों में घर, वृक्ष और पर्वत के रूपाकार समझने योग्य हैं, किन्तु इनकी भीतरी शक्ति जानने के लिए यह समझना कि यह उनका हू-ब-हू चित्रण है यह ग़लत होगा। ज़ाहिर है कि इटली और फ्रांस के ग्रामीण इलाक़ों का अपना प्रभाव पड़ता हुआ या स्थायी रज़ा पर दिखायी देता है, किन्तु ये प्रभाव कलाकार के भीतरी भू-दृश्य को, जिनका प्रलोभन वर्षों उनका पीछा करता रहा है, घनीभूत और स्पष्ट कर गये हैं, उनकी युवावस्था में पहचाने हुए जटिल वास्तु के उदाहरण और वैभवशाली वनस्पति की

> याद दिलाते हैं। उनके पहले के चित्रों में वे पूरी तरह से धुँधले अव्यवस्थित को साफ़-सुथरे दृश्य में बदलने में रुचि रखते थे। उसके बाद से उन्हें यह विश्वास हो गया कि किसी विशेष विषय के इर्द-गिर्द चित्र बनाना ही चित्र बनाना नहीं है बल्कि इस जीवित जगत् से जुड़ने का एक सूत्र है, जिसकी शुरुआत और अन्त का पता नहीं है और उसे ठीक से निर्धारित नहीं किया जा सकता। और यही है जिसमें रेखाओं और रंगों की अन्तहीन शृंखला मौक़ा देती है। ये चित्र हालाँकि कुछ अलग हो सकते हैं जो सहज ही उस मौसम और जगह का चित्रण है जो उनकी खोज को पूरा करती है जो उनकी यात्राओं की प्रेरणा है।

इन दोनों समीक्षकों के लिए भारत जितना रहस्यमय और अबूझ था, उसे समझने की कोशिश दोनों ने रज़ा के चित्रों से की। पॉल गोथिये का यह कथन थोड़ा दुरूह रूपकों के साथ है जिसमें वे रज़ा का स्मृतियों के सहारे प्रकृति के नज़दीक होने की सहज प्रवृत्ति पर आश्चर्यचकित हैं। जाक भी उनकी यात्रा, प्रकृति प्रेम, बचपन की स्मृतियों को ही आधार मान कर चित्रों की विशेषता बतला रहे हैं। भारत उन दिनों यूरोप के लिए नया-नया आज़ाद हुआ देश था और उसके बारे में उत्सुकता सभी को थी। रज़ा के चित्र जिसमें दृश्य-चित्र ही प्रमुख थे, उसका सम्बन्ध फ्रांस के इन दृश्य-चित्रों से विषय के अर्थ में बनता ही है और दूसरा रज़ा का देखना भी शामिल था। रज़ा में यह सहजता सिर्फ़ इसलिए भी आ सकी कि वे दिखावा पसन्द नहीं थे। उन्हें देकार्त का यह विचार कि 'बिल्ली को बिल्ली कहो' पसन्द था। वे सीधा सम्बन्ध बनाने में विश्वास रखते थे। इन दृश्य-चित्रण के रास्ते वे उन अनजान देश-परिवेश से अपना सम्बन्ध बना रहे थे।

रज़ा के पिता फॉरेस्ट रेंजर के पद पर काम करते थे और ज़ाहिर है कि उनका सफ़र जंगलों के बीच का ही था। उनके पिता सख़्त मिज़ाज के थे जो रूढ़िवादी न होकर बच्चों की परवरिश पर ध्यान देते थे। पिता के साथ या अकेले ही रज़ा का इन जंगलों में भटकना उनके लिए जीवन भर प्रकृति में भटकने का सबब था। फ्रांस जाकर रज़ा ने सेज़ां, पिकासो, ब्रॉक, शागाल के काम देखे। उनसे अपना सम्बन्ध बनाया। उनके चित्रों में अब कंस्ट्रक्शन का विचार जन्म लेता दिख रहा था। उनके दृश्य-चित्र अब मात्र प्रभाववादी नहीं रहे। उनमें ब्रश आघात, रंग-संयोजन, आकार आधिपत्य दिखायी देने

लगा। रज़ा अपने चित्रों में अधिक मुखर होने लगे। रंग-चयन की स्पष्टता दिखायी देने लगी। इस दौर के इन चित्रों Eglise, Croix sous L'orage, Nuage blanc, में सेज़ां का प्रभाव देखा जा सकता है। जिसमें रज़ा सीधे सेज़ां के चित्रो का कोई अंश उठा उस तरह के लैण्डस्केप कर रहे थे। रज़ा के लिए यूरोप नयी दृश्यावली थी और उसका वास्तु-शिल्प भिन्न था। हवा साफ़ और दृश्य की स्पष्टता अधिक थी और यह सब रज़ा के लिए नया अनुभव भी था। इस नये अनुभव से तारतम्य बैठाते हुए कला के नये ढंग को समझते हुए रज़ा अपनी अभिव्यक्ति की तरफ़ बड़ी तेज़ी से बढ़ रहे थे। फ्रांसीसी दृश्य में भारतीय रंग-संवेदना इन चित्रों की ख़ासियत थी। इसमें चित्रित उजला आकाश, निखरा भूदृश्य दर्शक को अपनी ओर खींचने की क्षमता रखते थे। ये रंग-संस्कार फ्रांसीसियों के नहीं थे। वे कुछ नये ढंग से चित्रित अपने दृश्य को देख रहे थे। यह उनके लिए अनुभव था और रज़ा के लिए अभिव्यक्ति। इस अनुभव और अभिव्यक्ति की युति ने रज़ा के लिए स्वागत द्वार खोल लिए। एकोल द बोजार में दोस्तों का साथ, जानीन से मुलाक़ात, रज़ा के लिए नये संसार में पैर फैलाने जैसा था। इसी दौरान हुए एक हादसे ने रज़ा को कुछ कठोर निर्णय लेने के लिए मजबूर किया। उनकी पत्नी, जो विभाजन में अपने पिता के साथ पाकिस्तान चली गयीं थीं, उन्हें पेरिस आने के निमन्त्रण लगातार रज़ा भेजते रहे लेकिन पितृ प्रेम के चलते वे कभी नहीं आयीं। इस दौरान रज़ा हर महीने लन्दन जाकर सूज़ा के मार्फ़त पत्नी को गुज़ारे के लिए लगातार पैसे भेजते रहे। लन्दन से भेजने का सिर्फ़ एक कारण था कि अभी तक फ्रांस ने पाकिस्तान को मान्यता नहीं दी थी। इसलिए डाक आदि की कोई सेवाएँ पाकिस्तान के लिए फ्रांस में उपलब्ध नहीं थी। लन्दन कभी न जा पाते तो सूज़ा को फ़ोन कर देते, पैसे भेजने के लिए और सूज़ा उसकी रसीद इन्हें पोस्ट कर देते। लम्बे समय से रज़ा यह काम नियमित करते रहे। इधर उनकी पत्नी ने पाकिस्तान के पुलिस थाने में रज़ा के ख़िलाफ़ शिकायत कर दी कि मेरा पति मेरा ख़्याल नहीं रखते। रज़ा के लिए यह बहुत डरा देने वाला अनुभव था कि एक दिन सुबह-सुबह फ्रांसीसी पुलिस इस शिकायत की पूछताछ करने घर आ गयी और ज़ोर-ज़ोर से दरवाज़ा ठोक कर आवाज़ लगायी। तब रज़ा ने वे सारी रसीदें दिखायी जो नियमित

पैसे भेजने का प्रमाण थीं और पुलिस इस बेबुनियाद शिकायत पर कार्यवाही करने के लिए माफ़ी माँग चली गयी। उसी वक़्त रज़ा ने उनसे तलाक़ लिया और दो महीने के भीतर ही जानीन से ब्याह कर फ्रांस में जीवन की नयी शुरुआत की।

स्मृतियों का संसार

रज़ा का जानीन से ब्याह उनके जीवन में नया मोड़ ले आया। रज़ा के साथ जानीन अपने पैतृक गाँव गोर्बियो कई बार गयीं थीं। पर इस बार सब कुछ बदला हुआ था। रज़ा के लिए भी यह अब गाँव भर न था, उनकी ससुराल भी थी। जहाँ जानीन के माता-पिता का घर ही न था बल्कि वहाँ के क़ब्रिस्तान में उनके परिवार की क़ब्र भी थी। यूरोप में क़ब्र का होना एक गम्भीर मसला है। दफ़नाने के लिए ज़मीन अब कम पड़ रही है इसलिए नये-नये नियम बन रहे हैं। कुछ इतने कठोर हैं कि पुश्तैनी क़ब्र न होने से दफ़नाना मुश्किल हो सकता है या सार्वजनिक क़ब्र में ही स्थान मिलेगा जिसके नियम अलग हैं। अनजान या लावारिस मृतकों के लिए सार्वजनिक क़ब्र का इस्तेमाल होता है।

अब रज़ा के जीवन में गोर्बियो का विशेष स्थान बन चुका था। एक कारण यही था कि दक्षिणी फ्रांस की पहाड़ियों पर स्थित यह गाँव चारों तरफ़ से घने पेड़ों से घिरा था, सात किलोमीटर दूर समुद्र का उजला मोरपंखी नीला फैला था। आधे घण्टे की दूरी पर दूसरे देश इटली की सीमा थी। पहाड़ी पर बसे इस गाँव में रात का एकान्त इस क़दर गहरा था कि सन्नाटे में आप अपने दिल की धड़कन सुन सकते थे। रज़ा के लिए यह अपने बचपन में लौटना था। रज़ा कितने भी आधुनिक हो जायें, वे भीतर से अपनी जड़ों से जुड़े हुए कलाकार ही रहे। उनको यहाँ का मौसम, यहाँ का माहौल और ठहरी दिनचर्या अपने बचपन में ले गयी। दिन की उजली धूप उनके काम करने के लिए उपयुक्त थी और नज़दीक ही नीस और मोनाको जैसे शहर भी थे, जहाँ चित्रकला के लिए जो भी चाहिए, उसकी दुकानें मौजूद थीं और सप्ताहान्त की सांस्कृतिक

शामें गुज़ारने के लिए भरपूर गुंजाइश। रज़ा के लिए यह अपने में लौटना था।

ये वही दिन थे जब रज़ा भारतीय ढंग से दृश्य-चित्रण छोड़कर उसमें सेज़ां का संरचना देख-ढूँढ़ रहे थे। इनमें से उल्लेखनीय चित्र 'ला फोर्ज' का ज़िक्र करना उचित ही होगा। यह चित्र रज़ा की रंग-पैलेट में आये बदलाव की तरफ़ ध्यान दिलाता है। यह वक़्त है रंगों के वितान में चहलक़दमी का और रंग के चमकदार पक्ष से अपना सम्बन्ध बनाने का। यहाँ रज़ा कुशलता से लेमन येलो का इस्तेमाल करते हैं। लेमन येलो साधारण रंग नहीं है और न ही उसका इस्तेमाल आमतौर पर कम ही कलाकार करते हैं, यह रंग अपने स्वभाव में इतना कच्चा है कि इसे इस्तेमाल करना दुनिया भर के चित्रकारों के लिए चुनौती है। यदि विश्व कला जगत् के अनेक प्रसिद्ध कलाकारों के चित्रों को देखें तो किसी ने भी इसका इस्तेमाल नहीं किया है। हिन्दुस्तान के कलाकारों में सिर्फ़ तीन उदाहरण मिलते हैं—हुसेन, स्वामीनाथन और रज़ा। इन तीनों चित्रकारों ने भी सिर्फ़ एक ही कलाकृति में इस रंग का इस्तेमाल किया है। यह एक मुश्किल रंग है और इसका कच्चापन इसे और मुश्किल बनाता है। रज़ा ने इस चित्र में बहुत ही कौशल से इसका इस्तेमाल किया है। चित्र के दाहिने हिस्से में वो दृश्य है जो किसी भट्ठी के भीतर पिघलते अयस्क का हो सकता है। उस पिघलती धातु के बदलते रूप इस चित्र में रूप के आकार को स्थिर नहीं होने देते हैं। इसमें पिघलने की गति चित्रित है। यह चित्र किसी भट्ठी का नहीं है बल्कि रज़ा के भीतर चल रहे बदलाव का भी है। पुराने से दूर जाते हुए भी उसके साथ बँधे रहना और नये को आत्मसात् करते हुए भी उससे सम्बन्ध का नया पुल बनाने का संघर्ष इस चित्र की जान है। इसमें रज़ा के बचपन में देखे जंगल भी है और नये जगत् की अनजान राह भी।

चित्रों में रंग अभी रज़ा के रंग नहीं हुए हैं और पिछले रंग सम्बन्ध भी नहीं टूटे हैं। रज़ा के लिए सब कुछ तेज़ी से घट रहा था और यात्राएँ निर्बाध जारी थीं। सूज़ा से मिलने लन्दन जाना हो या यूरोप के अन्य देशों का भीतरी भ्रमण, सब कुछ इस नये से परिचय में सहायक हो रहा था। अब उनके साथ जानीन भी थी जो ख़ुद एक बेहतर चित्रकार और मिक्स-मिडिया में काम करने वाली उत्सुक और मेहनती कलाकार थीं। रज़ा का देशप्रेम उन्हें अक्सर भारत ले आता रहा है। देश के रंग उन्हें उकसाते रहे और फ्रांस की संरचना उन्हें बहलाती

रही। अभी इस संरचना का उद्दाम ज्वार आना बाक़ी था।

उनके चित्रों में स्थानीयता और सार्वभौम दोनों का संगम होना शुरू हुआ था। यह चित्र संरचना के स्तर पर भले ही हमें यह ढीला-ढाला लगे किन्तु इसमें रंग-संरचना का आवेग स्पष्ट नज़र आ रहा है। रंग उन्हें ललकारते नज़र आते हैं और रज़ा एक कुशल योद्धा की तरह उन्हें आत्मसमर्पण करने को मजबूर कर दे रहे हैं। रज़ा रंग का नया व्याकरण खोज रहे थे। अपना व्याकरण बना रहे थे। उनके रंग-आकार अब न भारतीय थे न फ्रांसीसी। वे चित्र की भूमि पर अपना दृश्य थे। रज़ा एक समृद्ध भारतीय रंग-परम्परा के वाहक थे, जिनमें मालवा-मिनिएचर की प्रमुखता साफ़ दिखायी देती है। रज़ा के पास अपना अनुभव था और संवेदनाएँ साहित्य की। रज़ा जिस परिवार से आते हैं वहाँ उनके पिता ने तो परवरिश पर पूरा ध्यान रखा ही किन्तु आसपास का माहौल भी भारतीय संस्कृति को समझने और उससे नाता जोड़ने के लिए उन्हें प्रेरित करता रहा।

फ्रांस आकर नयी सभ्यता और आचार-विचार से तारतम्य बैठाना रज़ा के लिए आसान रहा। वे भाषा जानते थे अतः मुश्किल भी न थी कि वे अजनबी बने रहें। जानीन के साथ ने अब वो झिझक दूर कर दी थी जिसके अभाव में उन्हें परायी सभ्यता से सम्बन्ध बनाने में ज़्यादा समय लगता। रज़ा के लिए चित्र एक सशक्त माध्यम था इन दोनों सभ्यताओं को पास लाने और एक मज़बूत पुल बनाने के लिए। रज़ा की वैयक्तिक प्रतिभा और वैचारिक दृढ़ता इन सब में मदद करने वाली थी।

मृणाल पाण्डे लिखती हैं :

> अपनी उन्मत्त कला ऊर्जा से दमकते रज़ा के चित्रफलकों का हमारी रंग-संवेदना पर तात्कालिक असर तो एक हर्षपूर्ण अचम्भे का होता है, कि कैसे यह सम्भव हुआ होगा? परिचित रंगों के यह अपरिचित आयाम कहाँ छुपे रहे होंगे अब तक? पर चैन से बैठ कर सोचने के बाद लगता है कि उनकी सारी असाधारणता के बावजूद उनका संयोजन कितना अपरिहार्य था। रंगों के फलकबद्ध संसार में वे रंगाकार सिर्फ़ उसी माध्यम से गढ़े जा सकते थे, अन्य किसी कारण से नहीं। और उस चित्र-धरातल पर वे उसी प्रकार आ सकते थे, और किसी रूप में नहीं। हर बेहतरीन कलाकृति की तरह रज़ा

की कला का मुहावरा एक साथ अद्वितीय भी है और सार्वभौम भी। बात विरोधाभासी लग सकती है, पर कला के उस संसार के परिप्रेक्ष्य में जहाँ तर्क निरन्तर तर्कातीत से टकराता है, सत्य हमेशा विरोधाभासी ही प्रतीत होता है। रज़ा के चित्रों को हम चाहे जिस तरह देखें, हम पायेंगे कि मूर्त्त से अमूर्त्त होने की पूरी जैविक प्रक्रिया बहुत सुथराई और सहजता से उनमें अभिव्यक्त हुई है और ज्यों-ज्यों प्रौढ़ होती गयी है, बाह्य अलंकरणों, यात्रा में उपादानों के प्रति मोह ख़ुद-ब-ख़ुद पीछे छूटता चला गया है। पर इकहरे होते जाने की इस दुस्साध्य और जोख़िम से भरी-पूरी उनके रंगाकारों की ऊर्जा बरकरार रही है, चाहे वह फीकी आब से दमकता धूमिल सूर्य का ज्यामितीय आकार हो, या पगलाये नीले सैलाबों का हहराता अमूर्त्त उफान। हर कहीं उनकी कला ऊर्जा के दुर्धर्ष आवेग में एक सुनिश्चित दिशा है, जो पिघले इस्पात-सी कलाकार की माध्यमगत पकड़ का दृढ़ अहसास दर्शक को निरन्तर देती जाती है।

प्रसिद्ध कला समीक्षक रुडी वान लेडन ने उस समय के रज़ा पर लिखा :

> फ्रांस की रात में भारतीय ध्वनियाँ उग रही थीं। धीमे-धीमे रज़ा ने अपने कला जीवन की शुरुआत रंगीन सैरों से की। कुछ प्राकृतिक और कुछ शहरों के सैरे, जिनके मृदुल आकार और गतिमान रंग, उस स्थान विशेष की आत्मा को अपने भीतर पूरी तरह समोए हुए हैं। इनमें प्रकृति को चितेरे की आँख ने पूरी गहराई से देखा और अजहद प्यार से उकेरा है।

पचास के पेरिस ने कलाकार को शिल्प सम्बन्धी तकनीकी जानकारी तो दी, पर उसके कलात्मक पक्ष को अछूता ही छोड़ा। रज़ा ने कभी अपने को अमूर्त्तन का चितेरा नहीं माना। क्योंकि उनके लिए अपना कैनवास उतना ही असल था जितना खिड़की से दिखता कोई दृश्य। रज़ा की कुछ चित्रकृतियों में चार आयत हैं या चार चौखाने, जिनमें रंग मानों अपनी सम्पूर्ण आदिम ऊर्जा समेत कला के दायरे में यूँ मढ़ दिए गये हैं, ज्यों तराशे हुए झिलमिलाते नगीने हों। धूसर और भूरे रंग भी एक विचित्र लौ देने लगते हैं। बार-बार इस सबके ऊपर ऊर्जा से धड़कता हुआ एक काला आकार उगता है। कृष्ण, सूर्य-प्रकृति का रहस्यपूर्ण विराट चक्र, जहाँ से नये खगोलपिण्ड फूटने वाले हैं। यही वह बिन्दु है जो चरम एकाग्रता का द्योतक है, जिस पर एक बूढ़े शिक्षक ने छह साल के हठीले बच्चे का भटकता ध्यान केन्द्रित कराया था। और यही बिन्दु एक

ध्रुव तारे की तरह इस चित्रकार को प्रकृति और पुरुष के रहस्यमय सम्बन्धों की दुनिया के बीच राह बताता रहा है।

रज़ा के लिए यह दुविधा नहीं थी कि दृश्य का होना नहीं था। उन्हें यह अभ्यास था और अब वे दृश्य कल्पनाओं में बसने लगे थे। जिनमें उनका बचपन था, अँधेरा था, बनैली रातें थीं, मायावी छवियाँ थीं, जंगली जानवर थे, डरावनी छवियाँ थीं। साथ ही यात्राओं की अनजान जगहें, नया समुद्री रंग, नये लोग, भाषा की स्मृति, यह सब भी रज़ा के चित्रों के कोनों से झाँकते नज़र आते हैं। रज़ा का स्थिर होना इन रंगों की रंगतें बढ़ा रहा था। वे धूसर रंग भी लगाते तो उनकी चमक दर्शक को आकर्षित करती।

जाक लसानिया लिखते हैं :

> मुझे ऐसा लगता है कि अपने अतीत की प्रेत-बाधाओं से मुक्ति पा लेने के साथ ही अब रज़ा अपने चित्रों के उग्र और दुर्दान्त वास्तु सामग्री के उपयोग की बाध्यता से भी मुक्ति पा चुके हैं। अब उनके चित्रों में एक प्रसन्न प्रवाह है, एक निखरी हुई शान्ति और लाघव है। अब उनकी तूलिका का खण्डित स्पर्श भी उस तरह से अलग-अलग न रहकर धीरे-धीरे चित्र फलक के समूचे प्रसार में अग्रसर होता चलता है। जब वे उसे अप्रत्याशित धरातलों के सहारे नियन्त्रित और अनुशासित करते हैं। पहले जहाँ उनकी रंग-योजना गेरुई या भूरे रंगों की सीमा में क़ैद रहती थी, वहाँ अब बीच-बीच में हरे और नारंगी रंगों के सुकुमार स्पर्श झाँकने लगे हैं। उनके ताल-मेल अब पहले से अधिक मूल्यवान् हो गये हैं।

इस तरह रज़ा में स्थायी परिवर्तन आ रहा था और वे अपनी खोज के पहले पायदान पर चढ़ चुके थे। रज़ा चित्रों में मुखर और रंगीन हो रहे थे।

रहस्य, अँधेरा और काला रंग

रज़ा का मन अब पेरिस की कला की दुनिया में लगने लगा था। पैसे की कमी थी। चित्रों का बिकना गैलरी लारा विंची के हाथ में था और जैसा कि दुनिया की हर गैलरी करती है, यहाँ भी रज़ा को उस तरह का भरोसा गैलरी अब तक नहीं दिला पायी थी कि आर्थिक रूप से रज़ा चिन्ता-मुक्त हो जायें। रज़ा ने एक जगह हिन्दी पढ़ाने का काम खोज निकाला। साथ ही कभी-कभी डिज़ाइन करने का काम करने से भी कुछ पैसे मिल जाते थे। यह सब दोस्तों की मदद से होता था और कभी-कभार एकोल द बोजार के साथीगण मदद कर देते। अकबर पदमसी भी पेरिस आ चुके थे; रामकुमार पहले ही आ गये थे। तीनों मित्र हफ़्ते में एक बार, कभी-कभी दो-चार बार मिलकर, कभी लूव्र तो कभी किसी संग्रहालय पर कुछ ऐसे ही समय बिताया करते और कला की बातें होती रहती। कभी कहीं पिकनिक पर चले गये। कृष्ण खन्ना, हुसेन और सूज़ा भी जब पेरिस में होते तो सब साथ ही बैठते और अक्सर रज़ा के छोटे से स्टूडियो में।

एक बार हुसेन पेरिस आये और रज़ा, अकबर के साथ दुल्हन का एक बढ़िया लिबास ख़रीदा और दोनों दोस्तों को अपनी शादी में चलने का निमन्त्रण दिया। उन्होंने एक बीटल कार भी ख़रीदी थी और इसी कार से प्राग जाने की योजना थी, जहाँ उनकी दुल्हन मारिया इन्तज़ार कर रही थी। हुसेन की योजना थी तीनों दोस्त यहाँ से कार से साथ चलेंगे और इस तरह उनकी शादी में उनके कुछ दोस्त भी शामिल हो सकेंगे। रज़ा को भी यह योजना पसन्द आयी और अकबर के हाँ बोलने का इन्तज़ार था। हुसेन उत्साह में थे। अपनी

पत्नी फ़ाज़िला से तलाक़ लेने का मन बना चुके थे और मारिया भी तैयार थी। इधर अकबर ने मना किया। उधर रज़ा को जानीन के पिता की तबियत ख़राब होने पर उनका ध्यान रखने का काम मिल गया। अब हुसेन अकेले ही अपनी कार से प्राग पहुँचे। जहाँ मारिया ने शादी से इनकार कर दिया। सो हुसेन कार और लिबास उन्हें ही भेंट कर वापस लौट आये।

इधर रज़ा के चित्र धीरे-धीरे एक दिशा पकड़ रहे थे। रज़ा का मन अपने बचपन से बाहर नहीं निकला और पेरिस में अक्सर वे ख़ुद को अकेला पाते। जानीन का साथ न होता तब शायद और मुश्किल होती। जानीन उन्हें ऐसे मुश्किल दुविधा भरे समय से निकलने में मदद ही नहीं करती बल्कि उनका हौसला भी बनाये रखतीं। रज़ा अपने चित्रों में मुखर होते जा रहे थे। उनके साथ सबसे उल्लेखनीय बात यह थी कि प्रकृति चित्रण करते हुए उनका गहरा सम्बन्ध प्रकृति से बनता जा रहा था। वे प्रकृति में मौजूद उन गूढ़ संकेतों को पढ़ने और उसे चित्रभाषा में बदलने का कौशल हासिल करते जा रहे थे। यह मात्र चाक्षुष चित्रण नहीं था। यह प्रकृति का हू-ब-हू चित्रण भी नहीं था। रज़ा चित्रकला के उन संकेतों को प्रकृति में देख रहे थे, जिनसे चित्र बनते हैं। रज़ा के लिए अब रंग अबूझ नहीं रहे। न रूपाकार का रहस्य उलझा हुआ था। अन्तप्रज्ञा स्रोत बन गयी थी।

रज़ा का देखना और चित्र बनाना धीरे-धीरे एक लय हासिल कर रहा था। रज़ा को अपने मुफ़लिसी के दिन याद थे और यहाँ भी कोई बहुत पैसा नहीं मिल रहा था। उनका काम चल सके, रोज़मर्रा का ख़र्च, रंग और कैनवास का ख़र्च निकल सके, बस इतना ही बहुत था। ऐसे में रामकुमार, जिनकी हालत रज़ा से भी ज़्यादा गम्भीर थी, की मदद के लिए रज़ा अपने ख़रीददार को स्टूडियो बुलाते हैं। यह ख़रीददार समय-समय पर रज़ा के चित्र ख़रीदा करता था। रज़ा ने रामकुमार के चित्रों के बारे में बतलाया और आग्रह किया कि वे आकर देखें और पसन्द आने पर निश्चित ही वे एक या दो चित्र ख़रीद सकते हैं, इसकी सम्भावना प्रबल थी। उन्हें यह भी डर था कि वे उनका चित्र ख़रीदने का मन न बना लें। इसलिये वे बाहर चले आये। उन्होंने रामकुमार को सभी बातें साफ़-साफ़ बतलाई। वे आये और रामकुमार के चित्रों को देख ख़ुश भी हुए और ख़रीदे भी। रज़ा के चित्रों का एकान्त बढ़ रहा था। वे दृश्य-चित्र

से कुछ अधिक हो रहे थे। उनमें दृश्य की शून्यता, उसका ठहराव, उसका वैभव गढ़ने की अचूक क्षमता के कारण रज़ा इन चित्रों में अपने बचपन के अबूझ, अनजान, अनसुलझे, अनाम रूप को भी बुन रहे थे।

पॉल गोथिये उनके इन चित्रों के बारे में लिखते हैं :

> विवेचनात्मक तौर से देखा जाये तो इन चित्रों की बुनियादी संरचना स्पष्ट हो जाती है। कला और भौतिक जगत् में कोई अन्तर न कर पाने की भावना से ही प्राच्य दर्शन का अद्वैतवाद यहाँ फिर से शुरू होता है। दरअसल भौतिक और मानसिक, दैहिक और आत्मिक का पाश्चात्य विरोध यहाँ है ही नहीं। यहाँ जो तत्त्व हैं, वे यहाँ पर अपने बुनियादी रूपों में मौजूद हैं। उनका उद्गम भी एक ही है और उनकी इयत्ता भी एक प्रकार की है।

मूल, समस्त चेतन जीवों का आधार 'बिन्दु' शक्ति का, ऊर्जा का आदि स्रोत है, और इस बिन्दु में ही पाँच महातत्त्वों का समावेश हुआ है। क्षिति, जल, पावक, गगन, समीर। इन पाँच महातत्त्वों के अनुरूप ही ज्योति के वे पाँच स्रोत हैं जो सूर्य की किरणों में मूल रंग बन कर घुल-मिल गये हैं।

सृष्टि के उस मूल चक्र के अमरत्व की पुनर्प्राप्ति, उसके उच्चरित रूप की लय गति, और उसके अनुशासन का सहज अन्तर्बन्ध इन कलाकृतियों के आवर्ती रूप की बुनियाद है। यह चक्राकार गति संसार की गति का ही एक बिम्ब है, जिसमें (रात के) कृष्ण आकारों का व्याघात है। पर यही काला रंग 'ग्रीष्म' में अपने कुहरिल रूप समेत जीवन की दहलीज़ बन गया है। काला रंग अपनी रहस्यमयता से खींचता है, और कलाकार का ध्येय ही है रहस्य की जड़ों तक जाने और उनका अर्थ पाने का निरन्तर प्रयास। इस तरह काला रंग इन कैनवासों की गति का अन्तिम बिन्दु नहीं वरन् उस चक्र का रहस्यमय उद्गम स्रोत बन जाता है। रंगों के आदिम स्रोत तक पहुँचते हुए, तूलिका के हर आघात को उसकी आदिम मुद्रा प्रदान करते हुए रज़ा के कैनवास कला की गहनतम सच्चाइयाँ उजागर करते हैं।"

पॉल गोथिये जिस बिन्दु का आरम्भिक संकेत इन चित्रों में देख रहे हैं उसके प्रकट होने में अभी समय है। यहाँ मैं यह भी याद दिलाना चाहूँगा कि रज़ा के जिन चित्रों को तीन दिन लगातार देखते हुए जिस एक बात को मैंने शिद्दत

से महसूस किया था, वह यह थी कि रज़ा अपने चित्र की शुरुआत काले रंग से करते हैं।

यह बात भोपाल से इन्दौर लौटते हुए हरेन और क़ादिर को मैं बस में बैठा उत्तेजना और उत्साह से बताता रहा था। वह बाद में जाकर सिद्ध हुई जब मैं उनके आमन्त्रण पर पेरिस में उनके साथ कुछ दिन ठहरा और उन्हें काम करते हुए देखा। रज़ा मेरे आने को लेकर उत्साह में थे। रज़ा हर वर्ष हिन्दुस्तान आते रहे हैं और उनकी यह आदत रही है कि जिस युवा कलाकार की प्रतिभा में उन्हें भरोसा हुआ वे उसे पेरिस आने का न्यौता देते रहे हैं। उन्होंने एक हादसे के बाद इस तरह का निमन्त्रण देना बन्द कर दिया था। बरसों बाद उन्होंने बल्कि जानीन के कहने पर मुझे आमन्त्रित किया था और घर पर साथ रहने का प्रस्ताव रखा। बरसों पहले उनकी आदतानुसार निमन्त्रण पाकर गोवा का एक नौजवान चित्रकार पेरिस जा पहुँचा था। रज़ा और जानीन ने उसकी हर तरह से देखभाल की। फ्रेंच सीखने की फीस से लेकर उसके खाने-पीने का बन्दोबस्त किया। रहने का इन्तज़ाम और दवा-दारु का प्रबन्ध। हर सम्भव मदद के बाद, हर चीज़ जुटाने के बाद कला की लम्बी साधना की कमी और बेवजह उत्साह के कारण उसे लन्दन भी भेजा और लौटकर आने पर जो दुःखद क़दम उसने उठाया, उसके बाद रज़ा और जानीन ने तय किया था किसी युवा चित्रकार को पेरिस आने का न्यौता नहीं देंगे। लगभग तीस वर्ष बाद जानीन ने स्वतः ही मुम्बई में रात का खाना खाते हुए मुझे पेरिस आने का न्यौता दिया तो रज़ा की ख़ुशी का ठिकाना न रहा। मुझे अमेरिका के टॉसन विश्वविद्यालय ने तीन माह के लिए आमन्त्रित किया था, जिसमें भारतीय कला पर एक व्याख्यान देना था और एक प्रदर्शनी का संयोजन करना था। लौटते में फ्रांस में उनका मेहमान बनूँ, यह जानीन की इच्छा थी। रज़ा, जो चाहते हुए भी इतने सालों में किसी भी युवा चित्रकार के लिए यह निमन्त्रण खुला नहीं रख सके थे, वे जानीन के इस औचक प्रस्ताव से बेहद प्रसन्न हुए और खाना छोड़कर मुझे वीसा के लिए तत्काल निमन्त्रण-पत्र लिखकर दिया। इस तरह जब मैं पेरिस पहुँचा और उनके साथ कुछ दिन बिताये, उसी दौरान उन्हें स्टूडियो में चित्र बनाते भी देखता रहता था।

किसी एक दिन उन्होंने नया कैनवास शुरू किया और मेरे आश्चर्य को भरोसा

मिला कि वे अपना नया चित्र काले रंग से शुरू करते हैं। यह काला रंग उनकी स्मृति का रंग है जो घने जंगल के एकान्त का भी है। रज़ा के रंग लगाने का ढंग भी अनूठा ही है। वे एक बड़े से कैनवास के बीचों-बीच बने काले बिन्दु को किसी बड़े ब्रश से नहीं भरेंगे जैसा कि आमतौर पर किया जाता है। वे उस बिन्दु को एक अपेक्षाकृत छोटे ब्रश से धीरे-धीरे मानों उस रूप को सहलाते हुए घण्टों के तल्लीन अभ्यास से भरते रहेंगे। शायद इसमें उन्हें दो या तीन दिन भी लग जायें। वे एकाग्रता से उसे भरेंगे और इस तरह रंग भरने में निश्चित ही रूप का सतही सपाट आकार नहीं प्रकट होता, बल्कि उनके चित्र का काला सूर्य भी संवेदनाओं, आवेग, भावना भरा होता है। यह ख़ास बात मैंने उनके चित्र बनाने के दौरान ही महसूस की कि वे चित्र इस तरह बनाते हैं मानों चित्र से, दृश्य से, आकार से, रंग से, रेखा से बात कर रहे हों। यह रेखा, रंग, आकार से बात करना ही प्रकृति से साक्षात्कार है। यह साक्षात्कार ही संवाद है ख़ुद से, अनुभव से और उन अनसुलझे रहस्यों से जो बचपन से रज़ा का पीछा कर रहे हैं।

रज़ा के लिए आसान न था रंगों और परिवेश में मौजूदा फ़र्क़ से सम्बन्ध बनाना। रज़ा परिश्रमी थे और एकाग्र होना जानते थे। उनके लिए भटकना एक काम था और भटकते हुए ख़ुद को जानना दूसरा। वे इन दृश्यों में भटकते हुए ही अपने को एकाग्र पाते थे। मानों बचपन के जंगल में भटक रहे हो। जहाँ उसका रहस्य ही आकर्षण है। जहाँ उजागर कुछ नहीं है सब छिपा हुआ है। पहचान किसी परदे के पीछे है जिसे हटाने पर वह फिर किसी परदे के पीछे ही दिखती है। यह अनवरत खोलने और पाने का खेल था। जिसमें पाया कुछ नहीं किन्तु पाने का संतोष है। खोला कुछ नहीं किन्तु खोलने का संतोष है। रज़ा के बचपन की स्मृतियाँ इतनी गहरी हैं कि उनसे पार पाना रज़ा के बस में न था। और पार पाने की इच्छा भी न थी। एक जुनून था, कुछ कर गुज़रने की इच्छा थी। और इस नये माहौल में जानीन के साथ अब सब कुछ सम्भलता दिखायी देता है। रज़ा पक्के इरादे और कठिन परिश्रम से अपने चित्रों में नये अर्थ भरते जा रहे थे। जिनका सम्बन्ध सिर्फ़ दुनिया से नहीं था और न ही वे कोई आध्यात्मिक अभिव्यक्ति का प्रयत्न कर रहे थे। वे सिर्फ़ रंग और रंगाकारों के बीच अपनी अभिव्यक्ति देख रहे थे। उन्हें कुछ हासिल करने की तमन्ना भी न थी किन्तु वे चित्रकला में उस सब से छुटकारा पाना

चाहते थे जो अब तक का देखा हुआ चित्रित जगत् था। यह कैसे होगा इसका हल्का अहसास तो उन्हें था किन्तु कैसे जाना है यह पता न था। वे बस उस अनजान रास्ते पर चल रहे थे जो बचपन के जंगल जैसा ही था, जिसमें सब छिपा हुआ है खुले में। रहस्यमयी आकर्षण की तरह।

कब किसने प्रिय, तेरा रहस्य पहचाना

गैलरी लारा विंची से रज़ा का अनुबन्ध चल ही रहा था और सभी गैलरी की तरह वह भी रज़ा के चित्रों पर अपनी लग़ाम कसे हुए थी। इसी बीच बर्कले विश्वविद्यालय, कैलिफोर्निया, अमेरिका से न्यौता मिला तीन वर्ष पढ़ाने का और रज़ा ने उसे स्वीकार कर लिया। वे तीन वर्षों के लिए वहाँ चले गये और पीछे-पीछे गैलरी वाली महिला भी आ गयी। वहाँ जो हुआ उसका परिणाम यह था कि पेरिस लौटकर वर्ष सड़सठ में रज़ा ने अनुबन्ध समाप्त कर लिया और अब वे एक स्वतन्त्र चित्रकार थे। उन दिनों पेरिस में लगभग पाँच हज़ार चित्रकार अपना काम कर रहे होंगे। जिसमें पिकासो, मातिस, डाली, शागाल आदि सभी शामिल हैं।

सत्तर के दशक में अजित मुखर्जी की पुस्तक 'तन्त्र' छपी जिसके विमोचन में रज़ा भी शामिल थे। यह पुस्तक उन्हें विशेष रूप से पसन्द आयी और रज़ा का झुकाव तन्त्र की तरफ़ बढ़ने लगा। उन्हें तन्त्र के यन्त्रों की ज्यामिति बुनावट ने आकर्षित किया। तन्त्र के कई प्रतीकों की तरफ़ उनका ध्यान गया, जिसमें बिन्दु भी शामिल था, जो बचपन से उनका पीछा कर रहा था। रज़ा और तन्त्र अब साथ-साथ थे। वे उसके अध्ययन में डूब गये। रज़ा ने पेरिस में रहकर चित्रकला की वैश्विक समझ, कलाकारों के दृष्टान्त, आलेख, कविताएँ, अन्य लेखकों के विचार आदि से ही ख़ुद को समृद्ध नहीं किया बल्कि अपने ऊपर भी काम किया, जिसमें ख़ुद के लिए लाभकारी विषयों का अध्ययन भी शामिल था। यही वो समय है जब रज़ा दृश्य-चित्रण से निकल कर शुद्ध चित्रकला के बिम्बों की तरफ़ मुड़ रहे थे, रास्ता आसान न था और

राह परिचित न थी। रज़ा का ध्यान भारतीय मिनिएचर चित्रों की तरफ़ भी गया और उन्हें मालवा मिनिएचर भी याद आये जो पढ़ाई के दौरान प्रिंस ऑफ़ वेल्स म्यूज़ियम (अब महाराजा छत्रपति शिवाजी संग्रहालय) में देखे थे। रज़ा ने अपनी भारत यात्रा में इन्हें एक बार फिर ध्यान से देखा।

रज़ा के चित्रों से दृश्य-चित्रण हट रहा था और ज्यामितिक आकारों से स्पेस विभाजन से चित्र निर्माण की धीमी और प्रभावी प्रक्रिया इन चित्रों का आधार बन रही थी। रंग की प्रमुखता मालवा मिनिएचर से, ज्यामितिक अमूर्तन का विश्वास तन्त्र से और रज़ा की एकाग्र लगन इन चित्रों में प्राण फूँकने लगी।

मिनिएचर से प्रभावित रज़ा ने चित्रों में लिखना भी शुरू किया। अपनी पसन्द की काव्य पंक्ति, या कोई शब्द या श्लोक और कभी-कभी पूरा एक पैराग्राफ़। सबसे पहला चित्र उन्नीस सौ तिरेसठ में बनता है, जिस पर रज़ा लिखते हैं "आ नो भद्राः क्रतवो यन्तु विश्वतो" फिर लम्बे समय तक कोई उकेरन नहीं, सड़सठ में 'यत्र नार्यस्तु पूजयन्ते रमन्ते तत्र देवता' यहाँ से शुरुआत होती है, रज़ा के नये दृश्य की, जिसमें कविता, कोई उक्ति, संस्कृत की एक पंक्ति या अँग्रेज़ी का कोई कोटेशन भी चित्र में लिखा रहता। ऐसा भी नहीं कि रज़ा सभी चित्रों में शब्द उकेरने लगे या इन उक्तियों के सहारे उनके चित्र जाने जाने लगे। रज़ा ने अपने जीवन में मात्र साठ-पैंसठ चित्रों में शब्द उकेरे हैं, जिनमें ज़्यादातर उस चित्र के विषय ही हैं जैसे पंच-तत्त्व अंकुरण, चमत्कार, सूर्य नमस्कार, प्रकृति, मानवाधिकार, सप्त रस, सत्यमेव जयते, एकता-बन्धन, उपशान्तो यमात्मा, जागृति, रस, स्वस्ति, अमर-कन्टक, अमर-जीव, नाद-बिन्दु, शान्ति, प्रकृति-पुरुष, महाभारत, सत्यम्-शिवम् सुन्दरम्, हे राम, भारतीय समारोह, विस्तार, पुनरागमन आदि-आदि। ये वे विषय हैं जो चित्र का शीर्षक भी रहे। कई कविताओं पर उर्दू शायरी के किसी शेर को भी उन्होंने चित्र में लिखा किन्तु शीर्षक कुछ और था। 'Immanence', 1990 नामक चित्र पर उन्होंने यह शेर उद्धृत किया :

> चन्द कलियाँ निशात की चुनकर मुद्दतों महबे-आस रहता हूँ,
> तेरा मिलना ख़ुशी की बात सही तुझसे मिलकर उदास रहता हूँ।

'प्रेम', 2006 शीर्षक के चित्र पर :

यार से छेड़ चली जाये असद
गर नहीं वस्ल तो हसरत ही सही

'Sans Titre' (untitled) 1975 चित्र में वे लिखते हैं :

रात से जाग रहा हूँ नासिर
चाँद किस शहर में डूबेगा

'आँचल' शीर्षक से जो चित्र बना 2011 में उस पर :

सिर्फ़ लहरा के रह गया आँचल
रंग बनकर बिखर गया कोई

ग़र्दिशे ख़ूँ रगों में पैदा हुई
दिल को छूकर गुज़र गया कोई

फूल सा खिल उठा तसव्वुर में
दामने शौक़ भर गया कोई

Terre Rouge 1968 के चित्र में लिखते हैं :

बुझ रहे हैं चिराग़ों दहरो हरम
दिल जलाओ के रोशनी कम है

रज़ा के दो हज़ार ग्यारह के एक रेखांकन पर यह शेर मिलता है जो भविष्य के चित्र की संकल्पना थी। यह चित्र बना या नहीं पर शेर ये है :

कुछ नहीं तो कम से कम, ख़्वाबे सहर देखा तो है
जिस तरफ़ देखा न था अब उस तरफ़ देखा तो है।

यदि एक तरफ़ उर्दू शायरी के कुछ शेर हैं तो दूसरी तरफ़ सूफ़ी-सन्त के दोहे भी लिखे गये हैं, जैसे :

'सत्य-असत्य', 1999 शीर्षक के चित्र पर लिखा :

रहिमन या संसार से गाढ़े हैं दो काम
साचे से जग न मिले झूठे मिले न राम

'जो कछु है सो तोर', 2005 के चित्र पर लिखा :

मेरा मुझमें कुछ नहीं
जो कुछ है सो तोर
तेरा तुझको सौंपते
का लागत है मोर

'Sans Titre' (untitled) चित्र 2004 :

हद को ताके औलिया बेहद ताके पीर
हद बेहद दोनों ताके ताको कहे कबीर

'माला' नामक 2000 चित्र में :

इस अपूर्ण जगत् में कब किसने प्रिय तेरा रहस्य पहचाना

'श्याम-दो', 1998 में :

ज्यों -ज्यों डूबत श्याम में
त्यों-त्यों उज्ज्वल होय

'Udho man nahi dus bees' 1965 पर :

ऊधो मन नाहीं दस बीस
फिर न हाथ क्यों मेरा काँपे, ले माला का अन्तिम दाना

इसके अलावा संस्कृत के श्लोक की पंक्तियाँ भी कुछ रज़ा का ध्यान खींचती रहीं। कुछ ही यहाँ उद्धृत कर रहा हूँ :

'il ne pas blanck', 1967 के चित्र पर :

न शुक्लं, न कृष्णं, न रक्तं, न पीतं
न कुब्जं, न पीनं, न हस्वं, न दीर्घं
अरूपं तथा ज्योतिराकार तत्वा
ताड़े कोवशिष्टं शिव: कवलोहं।

'jour de lisse', 1963 में :

आ नो भद्रा: क्रतवो यन्तु विश्वतो

या 1969 में 'Permanence' चित्र पर लिखते हैं :

स एव अद्य स उश्व:

सूर्य नमस्कार रज़ा का प्रिय विषय रहा है जिस पर वे कई बार लौटे हैं इस पंक्ति के साथ :

सूर्य आत्मा जगतस तस्थुषष्च

एक चित्र पर सिर्फ़ यह प्रार्थना है :

असतो मा सद्गमय
तमसो मा ज्योतिर्गमय
मृत्योर्मा अमृतंगमय

रज़ा का एक चित्र है 'प्रकृति', 2000 में बने इस चित्र पर :

प्रकृति स्वामवषृम्य
विष्टजामि पुनः पुनः

उनका चित्र है 'नाद बिन्दु' 1994 पर लिखते हैं :

कृचिदस्योति बिन्दूनाम

एक अन्य प्रकृति 1992 पर उन्होंने क्षिति,जल,पावक,गगन, समीरा उकेरा। प्रकृति शीर्षक से कई चित्र बनाये और अक्सर प्रकृति ही लिखा। यही दो उदाहरण हैं जिसमें कुछ अलग था।

रज़ा का भाषाओं पर सहज अधिकार था, फ्रेंच, अँग्रेज़ी, हिन्दी, उर्दू सभी पर समान अधिकार होने से उनको यह सुविधा मिली हुई थी कि वे इन भाषाओं में लिखे गये से सीधा सम्बन्ध बना सकते थे। इसके लिए उन्हें ज़्यादा मेहनत नहीं करती पड़ी और वे सहज ही इन भाषाओं में लिखी कविताओं को अपने चित्रों में ले आये। उर्दू की शायरी का एक हिस्सा आप देख-पढ़ चुके हैं। हिन्दी कविताओं पर रज़ा का विशेष जोर रहा। यहाँ मैं कुछ उदाहरण दे रहा हूँ :

'l'inconny', 1968 और 1972 में :

पन्थ होने दो अपरिचित
प्राण रहने दो अकेला

'शून्य', 1987 में :

इस तम शून्य में तैरती है जगत् समीक्षा।

'तनाव' शीर्षक के चित्र जो 2001 में बनाया उस पर लिखा :

संसार में जो कुछ भी है उसका कारण तनाव है

'sans titre' 1992 में :

छोतहि ते उपजा सब संसारा

या 'सारा जग जलता रहा' 2005 में :

सारा जग जलता रहा अपनी-अपनी आग

रज़ा का बचपन हमेशा उनके साथ रहा। जंगल की स्मृति हो या पाठशाला की वे कभी न भूले और पेरिस के एकान्त में ये स्मृतियाँ ही उनका सहारा बनीं। वे अपने बचपन में भटकते हुए अनेक ऐसी जगह चले जाते जो आज के समय का विस्मय है। एक ऐसा ही चित्र है उनका 'प्रार्थना'। दो हज़ार पाँच में बना यह चित्र पाठशाला की प्रार्थना है, सूर्यकान्त त्रिपाठी 'निराला' की यह कविता पाठशालाओं में सुबह की प्रार्थना में शामिल थी। कविता इस तरह है :

वर दे, वीणावादिनी वर दे।
प्रिय स्वतन्त्र-रव-अमृत-मन्त्र नव
भारत में भर दे।
काट अन्ध-उर के बन्धन-स्तर
बहा जननि, ज्योतिर्मय निर्झर
कलुष-भेद-तम हर प्रकाश भर
जगमग जग कर दे।

नव-गति, नव-लय, ताल-छन्द नव
नवल-कण्ठ, नव जलद-मन्द्ररव,
नव नभ के नव-विहग वृन्द को
नव पर, नव स्वर दे

वर दे वीणावादिनी वर दे।

वर्ष 1978 में पहली मुलाक़ात के बाद रज़ा और अशोक वाजपेयी की मित्रता अपने क़िस्म की अद्वितीय मित्रता का उदाहरण है। यह मित्रता यहाँ से शुरू होकर अन्त तक रही और जब रज़ा ने फ़ॉउण्डेशन की शुरुआत की तो उसका अध्यक्ष ज़िद-जोर से अशोक वाजपेयी को बनाया। रज़ा को उनकी कविताएँ बेहद पसन्द थीं और सांस्कृतिक सक्रियता भी। रज़ा ने उनकी दो कविताओं को अपने चित्रों में उद्धृत किया। एक, 'रोशनी' 1997 के चित्र में "आओ जैसे अँधेरा आता है अँधेरे के पास, जैसे जल मिलता है, जल में, जैसे रोशनी घुलती है रोशनी से।" दूसरा चित्र रज़ा के श्रेष्ठ चित्रों में गिना जाता है। जिस तरह हुसेन का प्रसिद्ध चित्र "Between Spider and the Lamp" है या अकबर पदमसी को 'Metascape' के लिए जाना जायेगा, अम्बादास का रूपभेद, स्वामीनाथन का चित्र flight माना जाता है या पिकासो का गुएर्निका, दा विंची की मोनालिसा, रेने मार्ग्रेट का the Kiss, उसी तरह रज़ा का चित्र 'माँ ' जिस पर यह कविता पंक्ति लिखी है—"माँ जब लौटकर आऊँगा, क्या लाऊँगा"। यह चित्र इस कविता के साथ घुल-मिल नहीं गया है बल्कि कविता के बरक्स यह चित्र अपनी अनुगूँज लिए है और यह कविता-चित्र जुगल-बन्दी का अद्भुत उदाहरण है। अशोक वाजपेयी की यह कविता उनके पहले कविता-संग्रह 'शहर अब भी सम्भावना है' की चौथी कविता है। उन्नीस सौ छाछठ में छपा यह संग्रह एक युवा कवि की पहली दस्तक थी। उस वक़्त अशोक जी की उम्र छब्बीस वर्ष रही होगी। इस संग्रह की शुरुआत की चारों कविताएँ माँ के लिए ही हैं; पहली : अपनी आसन्नप्रसवा माँ के लिए तीन गीत, दूसरी : साँझ : शिशुजन्म, तीसरी : माँ के बाद, चौथी कविता 'लौटकर जब आऊँगा'। यहाँ उद्धृत करना चाहूँगा :

माँ लौटकर जब आऊँगा

क्या लाऊँगा?
यात्रा के बाद की थकान
सूटकेस में घर-भर के लिए कपड़े,
मिठाइयाँ, खिलौने, बड़ी होती बहनों के लिए
अन्दाज़ से नयी फ़ैशन की चप्पलें?
या रक्त की एक नयी सिद्धि
और गढ़ी हुई वीरगाथाएँ?

क्या मैं आकर कहूँगा
मैंने दिन काटे हैं—एक समृद्ध आदमी की तरह
अपने परदे-ढँके कमरे की खिड़की से
मकानों की काई रची दीवारों पर
निर्विकार आती सुबह देखते हुए?

या क्षुद्रताओं की रक्षा में
निर्जन द्वीप-समूहों में
समुद्र से अकेले लड़ते हुए?

क्या मैं बताऊँगा
कि मैं आया हूँ
अँधेरी गुफाओं में से
जहाँ भूखी क़तारें
रह-रहकर चिल्लाती हैं
गिद्धों और चीलों की चीत्कार के बीच
माँ, तुम्हारा प्रिय शोकगीत
'रघुपति राघव राजाराम...?'

क्या मैं तुमसे कहूँगा
ख़ुश हो माँ, अन्त आ गया है
—जिसकी तुम्हें प्रतीक्षा थी
क्योंकि मैंने देखा है
नीले अश्व पर आरूढ़
भव्य अवतारी पुरुष को?

या मैं सिर्फ़ एक क़िस्सा सुना पाऊँगा
नीले घोड़े पर सवार एक पिचके निर्वीर्य चेहरे वाले
आदमी की मौत का
एक छोटे से गाँव में?
या तुम्हारी तीख़ी नज़र को बचाते हुए
दूसरे खिलौनों के साथ
अपने छोटे भाई को दूँगा
एक काठ का नीला घुड़सवार?

—क्या मैं लौटूँगा
अपनी निर्जल आँखों में अपमान भरे
जो अब हर रास्ते पर छाया है
आकाश की तरह
और तब
क्या तब तुम पहली बार पहचानोगी
मेरे चेहरे में छुपा
अपना ही ईश्वरदूषित चेहरा?

माँ
लौटकर जब आऊँगा
क्या लाऊँगा?

यह कविता मनुष्य की बेचारगी और अकेलेपन के अहसास से भरी हुई है। इस कविता में आत्म-निरीक्षण के साथ-साथ संसार की विद्रूपताओं, क्षुद्रताओं और मनुष्य के स्वभाव की कमज़ोरियों को केन्द्र में रखते हुए उससे उपजे स्वार्थ और उसका व्यर्थता बोध सब कुछ समेटा हुआ है। परिवार के होने का अर्थ और उसके न होने का अहसास, अकेलेपन से जूझते हुए अपनी उपलब्धियों का सूनापन उस अकारण अस्तित्व की तरफ़ इशारा है जिसके होने और न होने से संसार को कोई फ़र्क़ नहीं पड़ता। इस कविता में, मृत्यु की अमर उपस्थिति और उसके बरक्स सभी जीवनदायी अस्थायी दुनियावी क्रिया-कलाप जिसमें बहनों के लिए नये फ़ैशन की चप्पलें, काठ का घोड़ा, घर-भर के लिए कपड़े, उपलब्धियों की वीरगाथाएँ और माँ को तसल्ली देने वाला झूठ कि समृद्ध आदमी आया है, शामिल है। या उस अकेलेपन के

एकान्त में अपने कमरे में गिद्धों और चीलों के चीत्कार में महसूस की गयी मौत की उपस्थिति जिसे अब हर तरफ़ देखने की आदत हो गयी है। जिसे रघुपति राघव राजाराम की धुन में बुन लिया गया है। या माँ के लिए पिता के मौत की ख़बर में छिपी माँ की मौत जिसे लेने नीले घोड़े पर पिचके मुँह वाला निर्वीर्य सवार आता दिखायी दे रहा है। और यही नीला घोड़ा छोटे भाई के खिलौने के रूप में भी लाया गया है जिसे नज़र बचाकर दिया जा रहा है। जिसमें उस देने की निरर्थकता का बोध ग्लानि से भरे दे रहा है। और इन सब उपलब्धियों के पीछे छुपे अपमान-बोध का ज़िक्र करते हुए माँ से उम्मीद है कि वह ख़ुद का ईश्वरदूषित चेहरा पहचान लेगी। इस पूरी कविता में बस एक यही जगह है जहाँ माँ से यह उम्मीद है कि वह यह सब पहचान लेगी। वह समझ सकती है लाचारी, बेचारी, व्यर्थता, निरर्थक और इस संसार में सिर्फ़ यात्री की तरह गुज़र जाने का सुख। यह कविता मनुष्य के असहाय होने की कविता है। यह कविता अकेले होने की बेचारगी और सब कुछ पा लेने के बाद भी उसके व्यर्थ होने की कविता है। इस कविता को लिख लेने और उसके बाद भी इसके अनर्थ होने की कविता है। छब्बीस बरस के युवा मन की दुनिया में साक्षात्कार और उससे उपजी निराशा, हताशा, व्यर्थता बोध, उन्नति की आकांक्षा और उसका निरर्थकता बोध, तथाकथित आधुनिक मनुष्य की उपलब्धियाँ और उसके बरक्स मनुष्य होने की मजबूरी और अपनी माँ के सामने इन सब और इस सब संसार का व्यर्थ होने का अहसास जिसमें कवि सब पा रहा है और कुछ देना भी चाह रहा है किन्तु माँ के लिए सिर्फ़ उसका होना ही महत्त्वपूर्ण है। जिसे वह जानता है और माँ की छोटी सी ख़्वाहिश को पूरा न कर पाने की मजबूरी में अपने मनुष्य को खोते जाने की पीड़ा इस कविता का जीस्त है।

रज़ा ने जब यह पढ़ी होगी तब निश्चित ही उनका अन्तर्मन हिल गया होगा। फ्रांस में इतने बरस रहना और विदेशी होने के सबब से सधे हुए पक्षपात को सहना रज़ा के लिए आसान न था। इस कविता ने उन्हें अपने अकेले होने और उसके कारण निस्सहाय रहकर भी अपने कर्म पर विश्वासपूर्वक डटे रहने का भरोसा दिलाया होगा। रज़ा के लिए माँ उनका देश था और उनके पास देने को कुछ न था। या देने की निरर्थकता का बोध ही उनकी उपलब्धि है, इसे रेखांकित करती हुई कविता ने उन्हें झकझोर कर रख दिया। रज़ा को

यह कविता अपनी हालत-सी लगी। श्रीकान्त वर्मा की कविता 'अवन्ति में अनाम' भी उन्हें बहुत पसन्द रही, जिसकी इन पंक्तियों से उन्हें प्रेम था कि 'मगध के माने नहीं जाओगे, अवन्ती में पहचाने नहीं जाओगे'।

रज़ा के लिए फ्रांस और भारत दोनों ही प्रिय थे, एक जगह जन्म हुआ और दूसरी जगह ख़ुद को जाना। उनके मन की दुविधाओं को दूर कर रही थी यह कविता। उन्होंने चित्र बनाया 'माँ लौटकर जब आऊँगा क्या लाऊँगा', उन्नीस सौ इक्यासी में बना यह चित्र रज़ा की मनोदशा को व्यक्त करता सबसे उज्ज्वल चित्र है। इस चित्र में अहसास बेचारगी का नहीं है बल्कि बेचारगी का वैभव चित्रित है। जिस तरह से कविता उस व्यर्थता के अहसास की अटूट वैभवशाली उपस्थिति का वर्णन करती है, उसी तरह यह चित्र उसका मनोहर चित्रण है। यह जुगलबन्दी अद्वितीय है। उन्नीस सौ इक्यासी में रज़ा ने इसे रचा, जब उनकी उम्र लगभग साठ साल की थी। एक अच्छा ख़ासा अनुभव उनके साथ था, जीवन और चित्रकला के संसार में रहने का। यह चित्र उनके तन्त्र और मालवा मिनिएचर से समृद्ध हो चुके समय का श्रेष्ठ चित्र है। इसके साथ उन्होंने अनेक चित्र बनाये 'forms of darkness,' 'बिन्दु', 'Green landscape', 'राजस्थान', 'white flower', 'Earth', 'Water' आदि अनेक और सभी में ज्यामिति और मालवा के रंग का अनुभव चढ़ कर बोल रहा है। इस चित्र में भी बिन्दु है और उसके इर्द-गिर्द व्यूह-रचना है जिसमें कविता के बिम्ब नहीं दिखायी देते हैं किन्तु चित्रकार की व्यथा को तूलिकाघात में लक्ष्य किया जा सकता है। पिछले तीस सालों का अकेलापन और उसकी बेक़रारी चित्र में नहीं दिखती किन्तु यह चित्र रज़ा के अन्य चित्रों से इतर अपनी उज्ज्वल उपस्थिति दर्ज कराता है। रज़ा कविता का चित्रण नहीं कर रहे हैं न उसकी कोई परिपाटी रज़ा के यहाँ दिखायी देती है। रज़ा दृश्य-चित्रण में भी हू-ब-हू चित्रण कभी नहीं करते थे। न ही उनका लक्ष्य उस समय को दर्ज करना होता था, जिसके लिए अधिकांश दृश्य-चित्रण किया जाता है। रज़ा के लिए दृश्य-चित्रण अभ्यास भी नहीं दिखता। वे दृश्य-चित्रण करते हैं और उस दृश्य से बाहर चले जाते हैं जिसे देखकर वे बना रहे हैं। उनके दृश्य-चित्रण में कोई 'जगह' चित्रित नहीं है, वे उस जगह के अनुभव को भी चित्रित नहीं करते हैं किन्तु जो चित्रित करते हैं उसकी सार्वभौमिकता पर किसी को शक नहीं हो सकता। यह दृश्य किसी दूसरी जगह का अनुभव भी हो सकता है।

कहीं का भी हो सकता है। वे दृश्य में से 'जगह' बाहर निकाल कर रख देते हैं। उसका स्थानीय स्वरूप चित्रित करने के बजाय उसके सार्वभौमिक दृश्य को देख पाते थे।

उनके कश्मीर के दृश्य-चित्र में बम्बई की उपस्थिति को दर्शक देख सकता है। 'माँ लौटकर जब आऊँगा' चित्र कविता का चित्रण नहीं है, कविता की प्रेरणा से बना चित्र है। यह प्रेरणा उन्हें पेरिस के अनुभव से बाहर खींच लाती है और अपने देश की उस माटी-महक के बीच ले जाती है जहाँ मण्डला के घने जंगल हैं, मालवा के रंग हैं, बनारस का तन्त्र है, देश की स्मृति है। बचपन का भय है। रज़ा के बचपन का भय जीवन भर उनका पीछा करता है और उससे निजात उन्हें अपने चित्रों में ही मिलती है। रज़ा के लिए पेरिस भी एक जंगल था, जिसमें वो भटक रहे थे। यह कविता उनके मगध और अवन्ती में होने और न होने के बीच के अहसास की कविता है। वे भारत में रहते नहीं थे और फ्रांस की नागरिकता नहीं ली थी। जिस देश के नागरिक थे वहाँ उनकी उपस्थिति नहीं थी और जहाँ रहते थे वहाँ के नागरिक नहीं थे। हर बरस रज़ा का लौटना अपने देश की याद का पहलू न था, बल्कि वे उसे महसूस करना चाहते थे, उसकी मिट्टी की महक से रिश्ता बनाये रखना चाहते थे। मगर वे जानते थे कि 'लौटकर आऊँगा तो क्या लाऊँगा' एक शाश्वत अवस्था है और उनका लौटना व्यर्थ है। इतने बरस में माँ उसके बिना जीना सीख चुकी है।

देश से प्रेम और अपने गृहनगर की माटी की महक उन्हें इन कविताओं में मिली और पेरिस के एकान्त में इन कविताओं में वर्णित देश और उसकी स्मृति को उन्होंने अपने चित्रों में जगह देना शुरू किया और इस रास्ते देश से नाता बनाये रखना चाहा। रज़ा ने हिन्दी कविता के अलावा मराठी कविता को भी उकेरा। इसी कविता को उन्होंने एकाधिक बार चित्रित किया :

आधी बीज एकले
बीज अंकुरले
रोप वाटले
एका बीजा पोटी
तरु कोटी-कोटी
जनम घेती
सुमने फळे

राजस्थान भी रज़ा के चित्रों का विषय रहा जिसमें 'राजस्थान' शीर्षक से उन्होंने कई चित्र बनाये और दो हज़ार चार का चित्र 'शेखावटी' पर उद्धृत ये शब्द :

शेखावटी
तीर्थ स्थल
मूलाधारे कुण्डलिनी भुजाकारे रूपिणी

इसी के साथ 'नर्मदा' नामक चित्र में रज़ा नर्मदा की यात्रा के कुछ पड़ाव उकेरते हैं। नर्मदा नदी से उनका बचपन समृद्ध हुआ था और वहाँ के लोग कभी नर्मदा को नर्मदा नहीं कहते। रज़ा भी हमेशा नर्मदा जी ही कहते रहे। इस चित्र में रज़ा ने लिखा : नर्मदा, अमरकन्टक, मण्डला, सप्तधारा, नरसिंघपुर, ओंकारेश्वर, भरुच।

रज़ा पर कविता पंक्ति, उक्तियाँ और इस तरह शेर या दोहे को इस्तेमाल करते देख बहुत आरोप लगे कि ये भारत को बेच रहे हैं। इस तरह से कि यूरोप में भारतीय संस्कृति या सभ्यता के प्रति जो जिज्ञासा है या उसे जानने की इच्छा को रज़ा भुना रहे हैं। इस तरह के आरोप लगाने वाले निश्चित ही अज्ञानी थे और उन्होंने रज़ा के चित्र नहीं देखे थे। यह भी सही है कि रज़ा इससे विचलित हुए बिना अपना काम करते रहे। जैसा कि ऊपर मैंने बतलाया ही है कि इस तरह के कवितामय चित्र मात्र पैंसठ हैं और सिर्फ़ एक चित्र है जिस पर अँग्रेज़ी में महात्मा गाँधी का विचार लिखा है। शेष सभी हिन्दी, उर्दू और संस्कृत में हैं। यह हम सभी जानते हैं कि हिन्दी या किसी भी अन्य भाषा के प्रति फ्रांसीसी समाज उदासीन ही रहा है। उन्हें अपनी भाषा के समक्ष अन्य सभी भाषाएँ पढ़ने योग्य नहीं लगती रही हैं। ऐसे में किसी भी फ्रांसीसी के लिए चित्र पर उकेरे गये ये शब्द मात्र टेक्सचर हैं। वह उन्हें पढ़ने की कोशिश नहीं करेगा। दूसरा, एक वाक्य की वजह से किसी सभ्यता से कोई प्रभावित नहीं हो सकता। इस तरह ऐसे किसी आरोप का कारण ईर्ष्या ही हो सकता है और न देखना भी। प्रख्यात चित्रकार मक़बूल फ़िदा हुसेन का जीवन भर का अनुभव है, जिसके आधार पर वे बता रहे थे कि हमारे यहाँ कोई चित्र देखता नहीं। भारत भवन में काम करते हुए मैंने इस बात को व्यावहारिक रूप से जाँचा कि क्या लोग दीर्घाओं में चित्र देखते हैं? वे देखने का नाटक

करते हैं। उनकी कोई रुचि नहीं होती और उन्हें यह संसार एलियन लगता है। जहाँ वे 'बेचारे' कारणवश फँस गये हैं। दूसरे, इस तरह की पंक्ति लिखे रज़ा के चित्र इतने कम हैं और फ्रांसीसी भाषा में लिखा एक भी नहीं है, कि शायद ही किसी फ्रेंच का ध्यान इस तरफ़ गया हो। अलबत्ता रज़ा के रंग ज़रूर सबको आकर्षित करते रहे हैं और मेरे देखे हुए चित्रकला के संसार में मुझे ऐसा कोई दूसरा चित्रकार नज़र नहीं आया जो रंग की इतनी गहरी समझ और उसे एक 'तत्त्व' की तरह बरतता हो।

मृणाल पाण्डे ने इस ओर ध्यान दिया है। वे लिखती हैं :

> अपने सर्वाधिक उत्तेजक और मनोहारी रूपों में रज़ा के रंगाकार न सिर्फ़ भारतीय हैं, न फ्रांसीसी; न केवल मध्य प्रदेश के हैं और न ही मात्र गोर्बियो के। वे ऐसे रंग हैं, जिनके पास परम्परा की पूरी अर्थमय गरिमा के साथ-साथ वैयक्तिक प्रतिभा की बेजोड़ लपकभरी कौंध भी है। और इसलिए वे बहुत कुछ और हो सकते हैं—पेड़, धरातल, शून्य, हवा, रेत, धूल के बगूले, प्रागैतिहासिक अवशेष, बीहड़ वन, तपते मकान। वे चित्र भी जिनको कोई विशेष नाम दिए गये हैं, मसलन 'ग्रीष्म आवास' या 'राजस्थान'—सिर्फ़ उस नाम के पर्याय ही नहीं, बल्कि उन बहुत-सी नामहीन चीज़ों का सघन पुँज हैं, जिन्हें हम निरन्तर महसूस करते रहते हैं अपनी संवेदना के सहारे, भले ही वे हमारी ज्ञानात्मक तर्क-शक्ति के दायरे में न आते हों।

मृणाल पाण्डे ने कुशल कला समीक्षक की तरह उन बातों का ख़ूबसूरती से बखान किया, जिनका सम्बन्ध रज़ा के चित्रों से है। वे यदि कला-समीक्षक होतीं तो आज की समकालीन कला का थोड़ा-बहुत साफ़-सुथरा पक्ष दर्शकों के सामने होता।

रज़ा ने आठ वर्ष की उम्र में गाँधी जी को देखा था। उस बाल मन पर पड़ी छाप जीवन भर उनके साथ रही और बाद में रज़ा ने जाना भी बापू के त्याग, आत्मबल और सत्याग्रह की ताक़त को। एक पूरी प्रदर्शनी रज़ा ने बापू को समर्पित की जिसके सारे चित्र बापू के सार को समेटने की सदिच्छा से बने थे। एक चित्र "Thoughts of Gandhi ji" में बापू के विचार ही लिखे थे :

सत्य हर इन्सान के हृदय में निवास करता है। उसे वहीं खोजना चाहिए।

सत्य जैसा किसी को नज़र आता, वैसे उससे संचालित होना चाहिए।

यह किसी को अधिकार नहीं है कि वह दूसरे को मजबूर करे कि वे उसे जैसा सत्य दिखायी देता है उसके मुताबिक चले।

सन्तोष कोशिश करने में है पाने में नहीं। पूरी कोशिश पूरी जीत होती है।

रास्ता जानता हूँ। वह सीधा और सँकरा है। वह तलवार की धार सरीखा है। मुझे उस पर चलने में मज़ा आता है। जब फिसलता हूँ तो रोता हूँ।

क्यों आसान है नीचे गिरना या नीचे फिसलना।
ऊपर उठने से, सीढ़ी दर सीढ़ी?
वही बचेगा जो मैंने किया, वह नहीं जो मैंने कहा या लिखा।

जहाँ प्यार है, वहाँ ईश्वर है।

महात्मा गाँधी

इसी प्रदर्शनी के दूसरे चित्र हैं : 'हे राम', 'सत्य', 'शान्ति', 'पीर पराई', 'सन्मति', 'स्वधर्म'। स्वधर्म रज़ा के लिए हमेशा प्रेरणादायी रहा और विदेश में रहते हुए उन्होंने 'धर्म' और 'रिलिजन' के फ़र्क़ को महसूस किया। धर्म की व्यापक परिभाषा ने उन्हें मोह लिया। एक चित्रकार का 'धर्म' चित्र बनाना है जो रिलिजन के अर्थ से ज़्यादा बड़ा और व्यापक है। धर्म का अर्थ सिर्फ़ धर्म तक सिमटा नहीं है इस विचार ने उन्हें हमेशा उत्तेजित रखा और स्वधर्म उन्हें बहुत अपना-सा लगा जिसमें इसे समझने के लिए उन्होंने चित्र पर गीता-प्रवचन का वह अंश भी उकेरा जो विनोबा भावे ने अपनी गीता-भाष्य में लिखा :

रजोगुण के प्रभाव से मनुष्य विविध धन्धों कार्यों में टाँग अड़ाता रहता है। उसे स्वधर्म नहीं रहता। वास्तविक स्वधर्माचरण का अर्थ है अन्य बहुतेरे कार्यों का त्याग।

गीता का कर्मयोग रजोगुण का रामबाण उपाय है। रजोगुण में सब चंचल है। पर्वत के शिखर पर से गिरने वाला पानी यदि विविध दिशाओं में बहने लगे तो

वह कहीं का नहीं रहता। सारा का सारा बिखरकर बेकार हो जाता है। परन्तु वही यदि एक दिशा बहेगा तो आगे चलकर उसकी एक नदी बन जायेगी। उसमें से शक्ति उत्पन्न होगी।

देश को उससे लाभ पहुँचेगा। इसी तरह मनुष्य यदि अपनी शक्ति विविध उद्योगों में न लगाकर उसे एकत्र करके एक ही कार्य में सुव्यवस्थित रूप से लगाये तो उसके हाथ से कुछ कार्य हो सकेगा। इसलिए स्वधर्म का महत्त्व है।

गीता प्रवचन : विनोबा भावे

यह प्रदर्शनी रज़ा के लिए महत्त्वपूर्ण थी और सभी चित्र विचित्र क़िस्म की शान्ति और ठहराव लिए हुए थे। यह समय रज़ा के जीवन का वह समय था जिसमें सब कुछ तय और स्थिर हो चुका था। इन चित्रों में गाँधी को याद करते हुए रज़ा कृतज्ञ महसूस कर रहे थे। रज़ा, जो फ्रांसीसी कविता प्रेमी भी थे, उन्होंने रेने मरिया रिल्के की कविता भी कैटलॉग में उद्धृत की :

...But listen
to the voice of the wind,
and the ceaseless message
That forms itself out of silence.

ऐसा नहीं है कि इसके पहले गाँधी रज़ा के चित्रों में नहीं थे। रज़ा पर गाँधी का प्रभाव गहरा था और वे उनके विश्वासों पर अटल भरोसा भी करते रहे। उनका एक और चित्र है Immanence, 1990 जिसमें रज़ा ने लिखा :

In the midst of death life persists
in the midst of untruth truth persists
in the midst of darkness light persists

—Mahatma Gandhi

रज़ा का गाँधी-प्रेम ऊपरी या किताबी नहीं था बल्कि जीवन में उन्होंने अपनी आवश्यकताएँ कम कर दी थी। सुरुचि,सादगी और किफ़ायत से कैसे काम चल सकता है इसका उदाहरण रज़ा ख़ुद थे। उनके व्यवहार में सच्चाई और

साफ़गोई थी। वे दूसरों की फ़िक्र में परेशान हो सकते थे। उनसे कुछ 'नक़ली' कलाकार झूठ बोलकर बरसों पैसा लेते रहे हैं। यह जानते हुए भी रज़ा ने कभी अपना हाथ नहीं खींचा। अनजान बन उनकी लालच को पूरा करते रहे। इस विश्वास से कि शायद शर्म करें। वे गाँधी की तरह ही आत्मज्ञान, आत्मबल, आत्मशुद्धि पर बल देते रहे और अपने समय को देखते-परखते रहे। रज़ा ने जब जीवन शुरू किया, तब इतना आत्म-अँधेरा नहीं था। लोग आत्मसम्मानी थे। रज़ा के भीतर वही भावनाएँ भरी थीं। उनकी दुनिया का सच छोटा लेकिन सुन्दर था।

उनका एक चित्र है 'नारी-शक्ति' 2006 का, जिस पर उन्होंने कीर्ति, श्री, वाणी, अमृत, धृति, क्षमा लिखा है। यह चित्रित संसार रज़ा का उनसे देश से नाता जोड़े रखने का, सीधा संवाद करने का और पेरिस के अकेलेपन को भुलाकर एकाग्र सृजनात्मक अकेलेपन को भोगने का जतन था, ऐसा मुझे लगता है। किसी दूसरे चित्रकार का उदाहरण नहीं मिलता जिसने इस क़दर कविता, सूक्तियों को अपने चित्रों में जगह दी होगी। रज़ा अकेले हैं, इस अकेलेपन का अहसास कराते हुए। अपनी यात्रा की दुविधाओं, मुश्किलों, परेशानियों को वे एक चित्र 'पनघट' में यह लिख कर बतलाते हैं; "बड़ी कठिन है डगर पनघट की।"

इस तरह की उक्तियाँ, पंक्तियाँ, शेर, दोहे आदि रज़ा के मन की पड़ताल के लिए ठीक हो सकते हैं। ये सब उस परिस्थिति का भी वर्णन कर रहे हैं जब रज़ा को देश की या किसी संवेदना विशेष की याद या अनुभव हो रहा है। ये सब रज़ा के जीवन के वे पड़ाव हैं जो उनके चित्र में रहते हुए उनकी भावना को सम्बोधित हैं। वे उस पंक्ति के प्रभाव में कई दिन गुज़ार देते हैं। रज़ा कहते हैं : "चाहे वो भगवत गीता का श्लोक हो या ॐ, या कलमा—मेरे लिए दिन भर सोचने और गुनने के लिए एक ही चीज़ काफ़ी है।"

ऐ ज़ौके नज़र शौक़े
नज़र ख़ूब है लेकिन,

जो शह की हक़ीक़त को
न समझे वह नज़र क्या।

यह रज़ा का देखना ही है जो इन पंक्तियों से भी प्रेरणा लेकर रचता है। रज़ा के लिए दृश्य इन चित्रों में शब्द हैं जो भाव-दृश्य भी हैं।

जंगल का अँधेरा और चित्र-रोशनी

रज़ा के चित्र अब नयी दिशा ले चुके थे। उनका सौन्दर्य अब दृश्य में नहीं, उसके ज्यामितिक विस्तार में था। इस दौरान की कई कलाकृतियों का उल्लेख पहले कर चुका हूँ। मजे़दार बात यह है कि अब चित्र का विषय दर्शक के मन में एक दृश्य पैदा करता, जो किसी जगह विशेष का नहीं है। अब चित्र में दृश्य उसके शीर्षक में सिमट गये हैं, जबकि चित्र विस्तार चित्रात्मकता का विषय है। यही वह समय है जिसके चित्र मैंने कला परिषद् की दीर्घा में वर्ष अठहत्तर में देखे थे। चित्रों का शीर्षक अब 'राजस्थान' 'सतपुड़ा', 'विंध्याचल', 'सौराष्ट्र', 'ज़मीन', जैसा सार्वभौमिक अर्थ लिए होता है। चित्र राजस्थान के किसी शहर या ख़ास जगह का नहीं है, बल्कि पूरे राजस्थान की समग्रता को लिए है। यह दृश्य राजस्थान का नहीं बल्कि उस चित्र अनुभव का भी है। यह दृश्य वह नहीं, जो चित्रित है बल्कि जो दर्शक के मन में उभर रहा है। प्रसिद्ध चित्रकार रेने माग्रेत ने अपने चित्रों से शीर्षक और चित्र के ऊपरी सम्बन्धों को प्रश्नांकित किया। जिसकी एक लम्बी परम्परा चली आ रही थी। इसमें चित्र यदि ईसा मसीह का है तो उसका शीर्षक भी ईसा मसीह होगा। यानि जो दिख रहा है वही उसका शीर्षक है। यह इतना उथला भी था कि जैसे बने हुए पर शक है और शब्दों से बताया जा रहा है कि यह बना है। रेने माग्रेत ने चित्र बनाया 'the treachery of images'। इस चित्र में एक पाइप चित्रित किया और उसके नीचे लिखा यह पाइप नहीं है। यह शीर्षक और बिम्ब के सम्बन्धों पर करारा व्यंग्य था। उन्होंने इस खोखले सम्बन्ध को उजागर किया कि शीर्षक और चित्र के बीच ऐसा कोई सम्बन्ध नहीं है। चित्र शीर्षक से

बदल नहीं सकता और जो बना है उसका शीर्षक कुछ और भी हो सकता है। यह सम्बन्ध धोखा है। इस लम्बे सम्बन्ध के टूटने पर, अगले अनेक वर्षों तक बल्कि आज भी अनेक चित्रकार अपने चित्र का शीर्षक 'बिना शीर्षक' यानी अनटाइटल्ड रखते हैं। रज़ा के भी कई चित्रों का शीर्षक यही मिलता है। जबकि रज़ा इस मुद्दे पर अन्य चित्रकारों की अपेक्षा अधिक मुखर हैं। यह कहा जा सकता है कि शीर्षक न देना परम्परा बनने लगी।

हम लौटते हैं 'सौराष्ट्र' शीर्षक पर जो किसी जगह का नाम नहीं है बल्कि एक बड़े भू-भाग का है और दृश्य-चित्रण के तौर-तरीक़ों से बाहर है। अब रज़ा एक जगह बैठकर दृश्य देखते हुए चित्रित नहीं कर रहे हैं। वे स्टूडियो में अपना चित्र बनाते हैं जिसे वे न किसी प्रतिबिम्बन से जोड़ते, न ही अपने अनुभव से, न ही उस जगह की स्मृति से। वे चित्र को मुक्त कर देते हैं इन सारे सरोकारों से। वे उसे शुद्ध चित्र बनाने के क्षेत्र में ले आते हैं, जहाँ के नियम कैनवास और कलाकार के सम्बन्ध से संचालित हो रहे हैं। जहाँ कोई नियम नहीं है और न ही कोई व्याकरण।

रज़ा का कहना है :

> मैं जब काम करता हूँ, मैं वही करता हूँ जो ज़रूरी है, जो आधारित है और सीधी उपलब्धि है, किन्तु जो सब ज्ञान से परे है। इसमें सिर्फ़ अन्तर्मन, भारतीय विचारों के अनुसार सिर्फ़ अन्तर्मन (छठी इन्द्रिय) चित्रकार की मदद करती है चित्रकारी में। शुद्ध ज्ञान और प्रकृति की मौजूदगी पर जिसके द्वारा बहुत थोड़ी चीज़ों की मदद से हम स्वत्व को पा लेते हैं।

यहाँ रज़ा छठी इन्द्रिय की बात कर रहे हैं जो स्वप्रेरणा है, या जिसके बारे में अनभिज्ञता ही ज़ाहिर की जा सकती है। यह प्रज्ञा है जिससे चित्र बन रहे हैं। रज़ा ख़ुद कहते हैं, 'चित्र बनाये नहीं जाते, बन जाते हैं।' यह चित्र का बन जाना रज़ा के अथक परिश्रम, गहरे समर्पण और आत्मत्याग से है। वे प्रेरणा लेते अनेक स्रोत से और ज़िक्र करते हैं कविता का। वे कहते हैं—

> मेरा मानना है कि मुझे सबसे अधिक प्रेरणा कविता से प्राप्त हुई है। भारतीय कविता के अन्तर्गत हिन्दी तथा उर्दू कविता में तथा फ्रेंच कविता में ऐसी अद्भुत बातें कही गयी हैं, जो हृदय की गहराइयों से दृढ़ विश्वास के साथ

जन्म लेती हैं तथा जिन्हें केवल शब्दों के माध्यम से ही व्यक्त किया जा सकता है। चित्रकार के लिए वे बातें कहना बहुत कठिन है, क्योंकि उसका माध्यम रंग हैं, शब्द नहीं। मैं अज्ञेय, गजानन माधव मुक्तिबोध और मीर को पढ़कर अभिभूत हो जाता हूँ।

यह अभिभूत होना शब्दों से और दर्शक को अभिभूत करना रंग-संयोजन से, रज़ा का नित्य कर्म हो गया था। वे अपने विस्तार में जा रहे थे। प्रसिद्ध आलोचक, मित्र और प्रशंसक रुडी वान लेडन ने लम्बे समय तक रज़ा के काम को देखा है और वे उनके कला-जीवन में आये प्रत्येक परिवर्तन को संज्ञान में लेते रहे हैं। उन्होंने लिखा है :

पेरिस में प्रारम्भिक वर्ष कठिन लेकिन अत्यधिक उत्तेजना से परिपूर्ण थे। रज़ा ने कठोर परिश्रम किया। अर्थाभावग्रस्त थे और अक्सर बहुत अकेले। लेकिन उन्होंने स्वयं को नये जीवन के प्रति पूरी तरह से उत्सर्ग कर दिया और उन नये प्रभावों के प्रति भी, जो कि उनके ऊपर उत्तरोत्तर ऊँचे स्वर में प्रबल आरोह की तरह, हर बार शक्ति के साथ लगातार टूटे। जीवन में पहली बार वे एक ऐसी दुनिया के सम्पर्क में आये, जहाँ कला को पूरी तौर पर गम्भीरता से लिया जाता था और निश्चित रूप से जीवन का एक हिस्सा था। जो उन्हें चारों ओर से घेरे हुए था। पहली बार उन्होंने यह अनुभव किया कि यूरोप में कलाकार के लिए अध्ययन करने, सीखने, देखने और ख़ुद को सँवारने के हज़ारों सुविधाजनक अवसर उनकी पहुँच के दायरे में हैं। रोज़ ही अख़बारों में सूचना-पृष्ठ के कॉलम स्कूलों, म्यूज़ियमों, गैलरियों और प्रदर्शनियों की घोषणाओं से भरे होते थे। ऐसे किसी व्यक्ति के लिए, जो 1950 के भारत की कलाकार-एकान्तिकता की जगह से आया हो, यह प्रभाव अत्यन्त प्रबल और आन्तरिक हलचल पैदा कर देने वाला था। रज़ा ने यात्राए कीं और इटली, फ्रांस का दक्षिणी भाग, स्पेन आदि जगहें देखीं। भूमिखण्डों, लोग और दूसरे चित्रकारों के सान्निध्य में उतना ही आनन्दातिरेक में उन्हें ले गया, जितना कि पहली बार अनेक कालखण्डों और देशों की कला-कृतियों से रूबरू होने में हुआ। इन चित्रों का एक दूसरा अनोखा पहलू यह है कि वे भारतीय परम्परा, ख़ासतौर पर राजस्थान, मेवाड़ और दक्षिण के स्कूलों के साथ स्पष्ट रूप से सम्बन्धित हैं। वे स्थापत्यपरक हृदयबन्धों की स्मृति जगाते हैं और उत्तर-मुख्ययुगीन मिनिएचर चित्रकला की पृष्ठभूमि के कला-सन्दर्भ

> भी, मात्र इस एक अन्तर के साथ कि मिनिएचर कलाकृति दृष्टान्त निदर्शन करती है और रज़ा के चित्र बिम्बों का सृजन करते हैं। वे कोई कहानी नहीं कहते, वे स्वयं अस्तित्वमान् हैं।

रज़ा के चित्र आत्म-आलोक के चित्र हैं। वे सन्दर्भ से बाहर हैं। रज़ा का अनुशासन और चिन्तनशील मन रज़ा को उस पेरिस के भीड़-भरे एकान्त में अपने पास ले आया।

उनके मित्र और कला समीक्षक पॉल गोथिये ने बदलाव देखा और वे लिखते हैं :

> इस तरह रज़ा एक वैश्विक कृतिकार के रूप में पले-बढ़े हैं। जिनकी जड़ें तो उनकी अपनी ज़मीन में गहराई तक जाती ही हैं लेकिन जिसके श्रृंगिक ब्रह्माण्डकीय हैं। वे इक्कीसवीं शताब्दी के रूपनिष्ठ कलाकर्मियों की उनकी उस क्षमता का आह्वान कर रहे हैं जो कलात्मक सहजीविता और परनिषेचन के हर ढब को रच सकती है। इतना तो इस कलाकर्मी की क्रमिक परिपक्वता से ही उजागर है, उस कीमिया से जो कि उनकी बचपन की यादों से, जंगलों और इन्सानों की यादों से, जिनकी पुनर्व्याख्या की गयी है, यूरोप तथा संयुक्त राज्य अमेरिका की आधुनिक कला से सामना कर तैयार हुई है। इन सबसे पूर्णतः मौलिक रूपनिष्ठ सृष्टि का प्रादुर्भाव हुआ है। इन बरसों के दौरान जो चीज़ एक शक्ल बन कर सामने आयी है वह उस तरह की पवित्र 'बिंबरचना' नहीं है जैसी उन (रज़ा) के अमूर्त्त शक्त्यारेखों या ध्यान के चाक्षुक छद्मधारों में उपलब्ध है। बल्कि एक पूर्णतः रूपनिष्ठ कर्म है। 'बिन्दु' वह बृहत् कालबिन्दु है, जिसे शून्यता, बूँद, बीज या जीवाणु जैसा कुछ समझा जा सकता है। दरअसल, रचना की उत्पत्ति ही है, ज्योति से बाहर की ओर फूटती हुई, प्रारूपों, रंगों, धड़कनों, ऊर्जा, शब्द, वयों और समय में गतिमान होती हुई। लेकिन बिन्दु रज़ा के उस अनुभव का अंग नहीं है जिसे उन्होंने जिया है, न ही वह तिब्बती बौद्ध धर्म के या उसके प्रतीकात्मक चिन्हों, उसके यन्त्रों और मण्डलों की किसी ख़ास जानकारी से उनके पास आया है। यहाँ यह साफ़ कर देना ज़रूरी है कि रज़ा का काम, जिसमें हिन्दू चेतना गहराई से रची बसी है, नवतान्त्रिक कला के उस सतही छिछोरेपन से कोसों दूर है, जो पूरब और पश्चिम के कला जगतों में एक चालू फ़ैशन के तहत ज़ोरों से उछाला जा रहा है। रज़ा की कला एक कलाकार और उसकी

> कला के ताउम्र संवाद की सहज परिणीति है, जिसमें कई बार प्रश्नकर्ता और उत्तर देने वाले के रोल बदलते रहे हैं। ऐसे कि पहले चितेरा प्रकृति से जूझ रहा था, होते-होते अब प्रकृति की ऊर्जायें चितेरे से जूझती मालूम देती हैं। इन दोनों मुठभेड़ों में मिलनस्थल एक कलाकृति बनता जाता है। रज़ा की कला के इस नये और वयस्क दौर में कला एक बेपनाह ऊर्जा से तरंगायमान उपस्थिति के रूप में उभरती है, जो कायाकल्प का चरम उदाहरण है। आकारों के परे भी और सतत परिवर्तनशील भी, जैसे प्रकृति के वे मायावी रूप, जो हमारे मानसपटल पर निरन्तर उतरते हैं।

रूडी ने कोशिश की कि एक बेहतर पाठ प्रस्तुत किया जा सके। रज़ा और प्रकृति के सम्बन्ध और उससे प्रेरित इन नये चित्रों में रज़ा अब प्रकृति से दूर जा रहे हैं किन्तु प्रकृति का एक अंश उनकी स्मृति में धँसा हुआ है, जिसका चेहरा यदा-कदा दीख जाता है।

इसी दुविधा के क्षणों को जाक लसानिया इस तरह देखते हैं :

> अमूर्त्त से प्रतीत होने वाले मिश्रणों (मेल) की जगह परस्पर टकराते हुए स्वीकार मूल्यों का समावेश होने लगता है। और इस प्रकार रज़ा का काम अब एक सूक्ष्म गुरुत्वाकर्षण केन्द्र की ओर बढ़ रहा है—भले ही अक्सर कुछ विचित्र से लगने वाले मूर्तनों के बीच। क्योंकि इस बात में कोई सन्देह नहीं कि रूपाकारों में एक ठोसपन, एक सुनिश्चितता है। एक लगभग खनिज पहलू है इन रूपाकारों का, जो कुल मिलाकर एक ऐसी उपस्थिति को मूर्त्त करता है, जो कल्पना शक्ति के अतर्क्य और अकूत अम्बार के सामने तन कर खड़ी हो सकती है। विजेता की मुद्रा में।

आकारों में ठोसपन की बात यहाँ जाक ने लक्ष्य की, जो रज़ा के चित्रों में बड़ा बदलाव था। यह सुनिश्चित आकार ज्यामितिक हैं और उसका लयबद्ध विभाजन कल्पना के अनुसार किया गया, जो रज़ा के चित्रों का आधार बन गया था। यह आधार अब अन्त तक रज़ा के साथ दिखायी देगा। रज़ा इससे मुक्त होने की राह नहीं खोज रहे थे। वे इस ज्यामिति के जाल-जंजाल में अभिमन्यु की तरह घुसते चले जा रहे थे। जिससे बाहर निकलने की कोई चिन्ता नहीं है। वे अब जीवन के निरन्तर युद्ध में शामिल हो चुके थे। उन्होंने यात्राएँ की, स्पेन, इटली, स्विटज़रलैण्ड, इंग्लैण्ड, बेल्जियम, नीदरलैण्ड के

संग्रहालय छान लिए। 'पाउलो-उचेलो का युद्ध' चित्र का बारीक़ अध्ययन किया, रावेन्ना की पच्चीकारी पर विचार किया, सीमाबू ड्रासे ओ और बर्लियेरी के काम के प्रति मोहित हुए। पीयेता ने उन्हें उत्साह से भर दिया। कैटेलाल आदिवासियों के काम देख मुग्ध हुए, मध्ययुगीन कलाकारों के काम, रेनेसाँ के नपे-तुले चित्र देखे, बीसवीं शताब्दी के कलाकार पिकासो, गोंगा, क्ले, सेज़ां, शागाल, डाली सबके काम से सीधा संवाद किया और उन्हें समझा-जाना कि यह राह मेरी नहीं है। रज़ा का मन मण्डला के जंगलों के घने अन्धकार में उलझा था। उसका रहस्य गहराता जा रहा था।

पॉल गोथिये ने इसे लक्ष्य किया, वे लिखते हैं :

> यह कहा गया है कि गहन रात्रि के जाने का मतलब ही है, कला में आमूल परिवर्तन। कैंडिंस्की जैसे चितेरे को उन अँधेरी जड़ों के प्रति रुझान उसे सीधे प्राच्य सभ्यता से जोड़ता था और उनकी परिभाषाओं में यह बात सीधे प्रतिबिम्बित होती है। अपने हो पाने के लिए कला के लिए यह ज़रूरी हो जाता है कि वह सार्वभौमिक नियमों से जुड़ जाये। यह सार्वभौमिक नियम सीधे प्रकृति से आते हैं, मात्र उसके चाक्षुक या भौतिक विवरणों से नहीं, वरन् प्रकृति की सबसे गहरी संवेदनाओं से। यहीं से अन्त:प्रेरणा का उद्‌भव होता है। अन्त:प्रेरणा के उद्‌बोधन के बिना कला कभी जन्म नहीं ले सकती। रज़ा के सारे चित्रों के पीछे यही असामान्य झोंक काम कर रही है और इसी से इन चित्रों में प्राच्य सभ्यता की वह सारी रहस्यमय ऊर्जा उभर आयी है जिसे सिर्फ़ कोई वहीं का बाशिन्दा ही उकेर सकता है।

यह जो आदिम अनुभूति का उल्लेख किया है गोथिये ने, उसे समझने की ज़रूरत है। यह इतना आसान भी नहीं है कि हम रज़ा के चित्रों में आदिम मनुष्य की उपस्थिति को महसूस कर सकें। रज़ा एक ऐसे आधुनिक कलाकार हैं जिनकी अनुभूति आदिम है और उसे अभिव्यक्त करने के औज़ार आधुनिक हैं। वे संकोच नहीं करते कि उस ज्यामिति का इस्तेमाल किया जाये, जिसके बारे में भीमबैठका में रहने वाला आदिम मनुष्य कुछ नहीं जानता था। जिसका उपयोग छठी शताब्दी से होना शुरू हुआ था। रज़ा के चित्र का अनुभव उस बालक के आश्चर्यलोक का है जो जंगल में भटक गया। उसका रोमांच जंगल का रोमांच है। उसका रहस्य जंगल का रहस्य है। वह खुला हुआ रहस्य है।

जो दिख भी रहा और छुपा भी है। उसमें ढूँढ़ने के लिए गुंजाइश भी है और सामने प्रकट भी है। अँधेरे का रंग, काला रंग अपने रहस्य को खोलता नहीं, किन्तु वह छिपा भी नहीं होता। काले रंग से रज़ा का प्रेम उनके अवचेतन से संचालित हो रहा है। पॉल इस पर ध्यान देते हैं। वे लिखते हैं :

> सृष्टि के उस मूल चक्र के अमरत्व की पुनर्प्राप्ति, उसके उच्चरित रूप की लयगति, और उसके अनुशासन और सहज अन्तर्बन्ध इन कलाकृतियों के आवर्ती रूप की बुनियाद है। यह चक्राकार गति संसार की गति का ही बिम्ब है, जिसमें (रात के) कृष्ण आकारों का व्याघात है। पर यही काला रंग 'ग्रीष्म' में अपने कुहरिल रूप समेत जीवन दहलीज़ बन गया है। काला रंग अपनी रहस्यमयता से खींचता है, और कलाकार का ध्येय ही है रहस्य की जड़ों तक जाने और उनका अर्थ पाने का निरन्तर प्रयास। इस तरह काला रंग इन कैनवासों की गति का अन्तिम बिन्दु नहीं वरन् उस पूरे चक्र का रहस्यमय उद्गम स्रोत बन जाता है। रंगों के आदिम स्रोत तक पहुँचते हुए, तूलिका के हर आघात को उसकी आदिम मुद्रा प्रदान करते हुए रज़ा के कैनवास कला की गहनतम सच्चाइयाँ उजागर करते हैं। ऊर्जा-धाराओं के प्रवाह क्षेत्र, रंग स्वरधाराओं की अपवृद्धि के अंश, यही रूपाकार हमारे समय की सच्ची कला है। इसका साक्ष्य है इन कलाकृतियों के अनुपूरक रंगों का द्वैत, अथवा मूल रंगों का अतिरेक, उमगते लाल रंगों से लेकर अम्लीय हरित से घिरे-घिरे केसरिया रंग के उद्दीप्त सुनहलेपन तक रंगों के तनाव यहाँ मानो स्पेस में उड़ते हैं। काला रंग को उद्दीप्त करते हुए, अनुभव की चरम सीमा दर्शाते हुए यह रंग एक नया संवेदना-संसार हमारे लिए रचते हैं।

रज़ा के चित्रों पर तान्त्रिक प्रभाव को अक्सर लक्ष्य किया जाने लगा और वे इस विषय पर ख़ुद कहते हैं :

> मेरा वृत्त या वर्ग को मूल अभिप्रायों की तरह प्रयोग करना मेरे चित्रों को तान्त्रिक नहीं बना देता, भले ही मैंने उन्हें 'बिन्दु', 'सूर्य' अथवा 'ज़मीन' शीर्षक दिए हों। मुझे पता है, तन्त्र एक सूक्ष्म और जटिल दर्शन है। उसके विश्वासों या अनुष्ठानों के बारे में मेरा ज्ञान बहुत सीमित है। मेरी चित्रकला का बुनियादी सरोकार रूपाकार की प्राणवत्ता है और मेरे सारे कलात्मक प्रयत्न एक सुसंगत चित्रात्मक तर्क की दिशा में ही नियोजित रहे हैं।
>
> राजपूत और जैन चित्रकृतियाँ मुझे मुग़ल या पर्शियन मिनिएचर की तुलना में

कहीं अधिक प्राणवन्त लगी हैं।

प्रसिद्ध कवि अशोक वाजपेयी रज़ा के साथ हुई एक लम्बी मुलाक़ात का ज़िक्र करते हुए उनके बारे में लिखते हैं :

> अपने अन्तिम चरण में रज़ा का शास्त्र सादगी, उत्कटता और राग का शास्त्र है। वे मानों हमेशा रंग में होने का उत्सव मना रहे हैं। आत्मविश्वास और क्षमता में बद्धमूल अचूक विनम्रता है। चाक्षुक सौन्दर्यदृष्टि और रज़ा चित्र बनाने के लिए जीवित हैं और जीवित रहने के लिए चित्र बना रहे हैं। भौतिक काया का जीवन और कैनवास का जीवन सुन्दर ढंग से एकतान है। आधुनिकतावादी प्रोजेक्ट का अंग रहने के बाद रज़ा एक स्वविकसित प्रोजेक्ट की ओर बढ़ रहे हैं जो निरन्तरता और अनन्त का है। जहाँ तक उनका सम्बन्ध है, इतिहास को अपने लिए स्थगित करते हुए अब उन्हें अपने एक चित्रकार के रूप में पहचान की चिन्ता नहीं रही। वे पेरिस में हैं और फिर भी भारत में।

रज़ा के चित्रों में भारतीयता नहीं है इसका अर्थ यह है कि चित्र की दुनिया में ऐसा कुछ नहीं है जो भारतीय या फ्रांसीसी या अमरीकी कहलाया जा सके। दुनिया की कोई लाइन नहीं है जिसे हम स्थान के साथ जोड़ सकते हैं या कोई रूपाकार या कोई भी रंग। सभी रंग समस्त कलाकारों के लिए उपलब्ध हैं और उसमें कोई रंग भारतीय नहीं है या कि ब्रिटिश या चीनी। इस तरह से रज़ा या रॉथको के चित्रों को नहीं देखा जाता है। कौन कहेगा कि वैन गॉग के चित्र डच हैं या उसके रंग भारतीय हैं? इस तरह की बातें बेकार का आरोपण हैं जिन्हें हम अज्ञानता समझ कर उपेक्षा कर सकते हैं।

वर्ष उन्नीस सौ तिरेसठ में रज़ा को बर्कले विश्वविद्यालय आमन्त्रित करता है तीन वर्ष के अध्यापन कार्य के लिए और रज़ा का वहाँ जाना दरअसल उनके चित्रकारीय जीवन का एक महत्त्वपूर्ण मोड़ था। उनके पहुँचने के तीन साल पहले लिक्विटेक्स नामक कम्पनी ने ऐक्रेलिक रंगों को ईज़ाद किया था। ये रंग नये-नये बाज़ार में उतारे गये थे। रज़ा जब वहाँ पहुँचे, उन्होंने भी इस नयी खोज का गुणगान सुना। इन रंगों की ख़ासियत यह थी कि वे जल्दी सूखते थे।

दूसरी ख़ासियत यह थी कि उन्हें जलरंग और तैलरंग दोनों तरह से प्रयोग में लिया जा सकता है। रज़ा अब तक तैलचित्र ही बनाते थे और उसके सूखने का समय किसी भी कलाकार की धैर्य की परीक्षा का पैमाना आज भी है। रज़ा के चित्रण का मूल दृश्य-चित्रण है और अभी तक यह काम स्टूडियो से बाहर किया जाता रहा है। रज़ा के बाद के दृश्य-चित्र ऐसा लगता है स्टूडियो के चित्र हैं। Summer, Village इसके उदाहरण हैं। ये चित्र आम दृश्य-चित्रण से अलग हैं। यदि इन रंगों को तेज़ी से सूखने के कारण इस्तेमाल किया जाये, तब किसी भी कलाकार के लिए काम करने का समय अतिरिक्त बढ़ जाता है। इन ऐक्रेलिक रंगों को पहले रज़ा ने संकोच के साथ ही बरता फिर कैनवास पर लगा कर देखा और उसके सूखने के समय पर अविश्वास करते हुए उसे तैलरंग की तरह इस्तेमाल कर उन्होंने देखा। ऐक्रेलिक रंग आश्चर्यजनक ढंग से इन प्रयोगो पर खरे उतरे। यह रज़ा के लिए वरदान था। उनके काम करने में एक बड़ा बदलाव आया और वे अपने विचारों को परिष्कृत रूप से व्यक्त करने के लिए बर्कले विश्वविद्यालय के उस एकान्त में ख़ुद को प्रशिक्षित करने में लग गये। रज़ा की लगन और ज़िद ने जल्दी ही इन रंगों और इस नये माध्यम के साथ अटूट सम्बन्ध बना लिया, जिसका परिणाम सत्तर के दशक के चित्रों में साफ़ दिखायी देता है। अब रज़ा के रंग उजले, आकर्षक, चमकदार और उमगते दिखने लगे। यह बड़ा परिवर्तन था। रज़ा आख़िर तक इन रंगों में ही काम करते रहे। फिर भूले से भी तैलरंगों को हाथ नहीं लगाया। इसके बाद का एक भी चित्र तैलरंग का नहीं है। इसके पहले के चित्रों में यह बात नहीं थी। उनमें रंग का गाढ़ापन साफ़-साफ़ दिखता है। सूखने में समय लेने के कारण एक तरह का अनजाना धूमिल प्रभाव दिखता है। रज़ा के समकालीनों में यह प्रतिभा न थी कि वे नये माध्यम से इस तरह दोस्ताना हो जायें कि वह उनकी दुनिया का एक अनिवार्य अंग हो सके। रज़ा के समकालीन रामकुमार, गायतोण्डे, अकबर पदमसी, तैयब मेहता आदि अनेक सह-कलाकार जीवनभर तैलरंग का ही इस्तेमाल करते रहे। रज़ा ने जिस तेज़ी से इस माध्यम को अपनाया और इस पर अधिकार जमाया, यह देखकर लगता है कि उनमें कला-कौशल किस क़दर भरा हुआ है। एक नये माध्यम को समझने और उसकी विशेषताओं से परिचय प्राप्त करने में कुछ तो समय लगता है। बिना माध्यम को जाने उसके ग़ुलाम बनकर अनेक चित्रकार

काम करते हुए आज भी मिल जाते हैं। एक चित्रकार माध्यम का ग़ुलाम नहीं हो सकता वह उसके साथ दोस्ती करता है, उसके सुख-दुःख समझता है और एक जीवन्त सम्बन्ध बनाता है, तभी माध्यम अपना अन्दरूनी रहस्य खोल साथ चलने के लिए तैयार होता है। रज़ा के लिए बर्कले आना और यहाँ के एकान्त में इस नये माध्यम को अपनाना, नयी दिशा की शुरुआत थी। यह उनके लिए ही नहीं दर्शक के लिए भी सौग़ात थी। इन नये रंगों के कारण रज़ा की रंग-समझ के नये रूप देखने को मिले। वे अब ज़्यादा तेज़ी से काम करने लगे। उन्हें इस नये माध्यम से काम करने में मज़ा आने लगा।

रज़ा के इस नये माध्यम-परिवर्तन को आज तक किसी ने लक्ष्य नहीं किया जिस कारण रज़ा के चित्र संसार में उजाला फैला। रंगों में चमक आयी, रंग-संसार बदला, चित्र की साफ़गोई आकर्षक हुई, कई नये रंग पैलेट पर दिखने लगे और इन रंगों ने रज़ा को और रज़ा ने रंगों को सोख लिया। ये नये रंग चूँकि किसी प्राकृतिक-वर्णक, मिनरल या किसी अर्क़ से नहीं बन रहे थे, अतः इनकी विभिन्नता का अन्त न था। अनेक नये-नये रंग लगातार बन रहे थे और रज़ा की रंग-पैलेट समृद्ध हो रही थी। रंगों की इतनी विविधता प्राकृतिक रंग में न सम्भव थी न उपलब्ध। पश्चिम में अनेक कलाकार इन रंगों में काम कर रहे थे, किन्तु भारत में कोई न था। हुसेन दूसरे कलाकार हैं जिन्होंने इन रंगों से सम्बन्ध बनाया और लम्बे समय तक इसी में काम किया। मगर वे तैलरंग की तरफ़ वापस लौटे। रज़ा ने तैलरंग दुबारा इस्तेमाल नहीं किया।

उन्होंने मुझे पहली बार जब इन रंगों का डब्बा दिया था तब मेरा ध्यान इस गुण पर नहीं गया। बल्कि उन रंगों का इस्तेमाल युवा-उत्साह में बिना विचारे किया और दोस्तों को भी हाथ साफ़ करने का मौक़ा मिला। इस तरह बिना समझे वो रंग जल्दी ही ख़र्च हो गये और मैं अपनी पुरानी रंग-व्यवस्था की ओर लौट आया। रज़ा से मुलाक़ात उसके बाद चार साल बाद होनी थी, यह मुझे पता न था। और इस बीच मैंने दूसरा ख़त लिखा जिसमें ज़्यादातर वर्णन अपनी गतिविधियों का था जिसका भी कोई जवाब नहीं आया। रज़ा व्यस्त होंगे यह सोचा या ख़त पहुँचा या नहीं, इस पर सन्देह बना रहा। और पत्र का जवाब नहीं आया।

रज़ा का भारत लौटना अब हर बरस होने लगा और उनकी कई प्रदर्शनियाँ

भी दिल्ली, बम्बई में होने लगी। उनकी उपस्थिति समकालीन कला जगत् में अब अनिवार्य हो चुकी थी। वर्ष उन्नीस सौ बयासी भारतीय चित्रकला संसार के लिए ही नहीं, सभी कलाओं के लिए संक्षिप्त स्वर्णिम युग की शुरुआत का वर्ष था। मध्य-प्रदेश शासन के एक निर्णय से आज़ादी के बाद देश का पहला समकालीन कला का संग्रहालय खुल रहा था। भारत भवन, कलाओं का घर, जिसमें ललित कलाओं के लिए रूपंकर, रंगमंच के लिए रंगमण्डल, साहित्य के लिए वागर्थ, संगीत के लिए अनहद और फ़िल्म के लिए छवि प्रभाग खोले गये। रूपंकर के निदेशक के रूप में प्रख्यात चित्रकार जगदीश स्वामीनाथन ने समकालीनता की परिभाषा में वृद्धि करते हुए लोक-आदिवासी कलाओं को भी शामिल किया और यह दुनिया का पहला संग्रहालय था जिसमें एक ही छत के नीचे एक ही दीर्घा में शहरी, लोक और आदिवासी कला प्रदर्शित थी। इसी संग्रहालय में तकनीकी सहायक के पद पर मेरी नियुक्ति हुई। मुझे नहीं मालूम था कि यहाँ होना रज़ा के नज़दीक आने का सबब बनेगा। रज़ा, जो अब हर वर्ष भारत आने लगे थे, उनके लिए भारत भवन आना तीर्थ जैसा था। वे आते और ज़्यादा समय युवा चित्रकारों के साथ बिताते। उनके काम देखते, उनके स्टूडियो-घर जाते और अक्सर चित्र पसन्द आने पर कुछ ख़रीद लेते। यह सब युवा चित्रकारों के लिए उत्साहवर्धक और प्रेरणायुक्त जोश था, ऊर्जा थी जो उन्हें प्रेरित करती मुक्त होकर अपने समय-संसार में विचरण के लिए। रज़ा भी बदले में देश की माटी से सम्पर्क कर अपने रिश्ते को और मज़बूत करते और ऊर्जा भरे पेरिस लौटते। अक्सर उनकी प्रदर्शनी के निमन्त्रण मिलते जिन्हें वे स्नेह और आग्रह से भेजते कि ज़रूर आना।

ये वे दिन थे जब रज़ा अपने नये माध्यम, ऐक्रेलिक रंगों से सहज हो चुके थे और एक-के बाद एक चकित करने वाले चित्र देखने को मिलते। हम चमत्कृत होते। रज़ा 'चमत्कार' चित्रित कर रहे थे। उनका चित्र जिसका शीर्षक ही चमत्कार था जिसमें अनेक त्रिकोण थे और किसी भी त्रिकोण में एक रंग को दुबारा लगाया नहीं गया था। यह रज़ा ने जानबूझकर किया या अनायास ही हुआ यह नहीं पता। किन्तु अब रज़ा के रंग मुखर और आकर्षक हो गये थे। उनके रंगों में गहरी समझ और चौकन्नापन दिखायी देता था। वे सहज ही इसको हासिल कर लेते थे। सत्तर के दशक के चित्रों से इधर बहुत फ़र्क़ आ गया था। रज़ा अब बाहरी संसार के उलट भीतरी संसार की यात्रा

कर रहे थे। वे अपने भीतर चले गये और इस अन्तर्मुखी तलाश में रंग उनके साथी, सहयोगी, सहयात्री, सहचालक बने। ये रंग रज़ा की प्रेरणा भी रहे और उन्हें उकसाते भी रहे। इन भीतरी यात्राओं में वही परिचित जगहें भी मिलीं, जो मण्डला, राजस्थान, सौराष्ट्र, विन्ध्याचल, सतपुड़ा थीं। वे अब पूरी तरह एक घटना में बदल गये। ये अब जगह नहीं बची थीं, ये चित्र में बदल रहे हैं। रज़ा का मातृभूमि प्रेम भी दिखता है और इन चित्रों का स्वाद अब रोचक, रोमांचकारी हो गया। रज़ा के रंग-प्रभाव से कोई अछूता न था।

प्रख्यात कवि विनोद कुमार शुक्ल ने अपने एक साक्षात्कार में कहा, "मैं भाषा में नहीं दृश्य में सोचता हूँ।" यह किसी कवि द्वारा कहा जाना, जिसका माध्यम ही भाषा है, नामुमकिन लगता है। विनोद कुमार शुक्ल हिन्दी साहित्य में एक ऐसी शान्त-संकोची उपस्थिति हैं कि वे सभा में हों तब भी उनका होना दर्ज नहीं होता। विनोद जी रज़ा के चित्रों के मुरीद रहे हैं। उन्होंने भारत भवन की दीर्घाओं में रज़ा के अनेक चित्र देखें। वे लिखते हैं :

> कई बरस हो गये रज़ा के बनाये चित्र को मैंने देखा था
> यद्यपि चित्र मेरे पास नहीं है पर उसका देखना मेरे पास है
> मैंने उस देखने को अपनी बसावट के असीम में टाँग दिया है
> कि दृष्टि में रहे
> रेखा के फ्रेम के अन्दर
> लाल संध्या के रंग के समय के बाद की रात का अँधेरा
> गोल बुझे सूर्य के काले वृत्त का काला एक बिन्दु है।
> प्रत्येक रात मेरे लिए खग्रास सूर्य ग्रहण का अनुभव
> और प्रत्येक दिन धीरे-धीरे ग्रहण छूटने का
> कि सुबह हो रही है जिसमें रंग भरा एक सूर्य वृत्त निकलता है
> रज़ा का बनाया वृत्त
> इस तरह अपनी दिनचर्या में रात और दिन को टाँग देता हूँ
> और अपने को बुलाने चित्र के सामने खड़ा होकर आवाज़ देता हूँ।

विनोद कुमार शुक्ल की इस कविता का तेवर अशोक जी की कविता से भिन्न है। अशोक जी ने अनेक कविताएँ लिखीं रज़ा पर और एक लम्बी कविता

जिसके सात भाग हैं उसमें से छठा भाग यहाँ उल्लेखित करना चाहता हूँ जिसमें रज़ा, रंग, ज्यामिति का 'चित्र' से सम्बन्ध बहुत ही ख़ूबसूरत ढंग से उभर कर आया है :

रंगों को कहाँ पता था कि उनमें प्रार्थना बसी है?
ज्यामिति को आभास तक न था कि उसमें प्रार्थना का विन्यास है?
चित्र कहाँ जानता था कि वह प्रार्थना-पुस्तक का एक पृष्ठ है?
तुम अपने घुटनों के बल न भी बैठे हो,
तुम्हारा माथा विनय में न भी झुका हो,
तुम्हारी उँगलियाँ सब कुछ को भूलकर
सिर्फ़ रंगों से ही क्यों न उलझी हों,
तुम हर समय प्रार्थना में हो
क्योंकि यह सारा संसार तुम्हारे लिए
एक असमाप्य प्रार्थना है।

अशोक वाजपेयी और रज़ा की दोस्ती के लम्बे अनुभव से उपजी यह कविता रज़ा के काम करने और उनके चित्र के साथ सम्बन्ध पर ध्यान दिलाती है। रज़ा की अन्दरूनी यात्राओं में बाहर के संसार का कुछ नहीं रह गया था जो उनके चित्र जगत् में शामिल होने की हैसियत रखता था। अब रज़ा और डूबे नज़र आते हैं अपनी प्रार्थनाओं में और चित्र देख कर लगता है कि उनकी प्रार्थना सुनी जा रही हैं। रज़ा की प्रार्थना सुनी जा सके, इसके पीछे उनकी लगन और ज़िद काम कर रही थी जो बिलकुल शुरुआती संघर्ष के दिनों से ही दिखायी देती है।

प्रसिद्ध चित्रकार और रज़ा के मित्र रामकुमार ने कुछ माह उनके साथ बम्बई में बिताये थे। वे लिखते हैं :

> इन्हीं दिनों बम्बई में लगभग एक मास के लिए रहने का अवसर मुझे मिला। दिन में कई बार भेंट होती थी, कभी उनके राजाराम स्टूडियो में, कभी किसी ईरानी चाय-घर में। कभी-कभी देर हो जाने पर रात को भी फ़र्श पर दरी बिछाकर उनके स्टूडियो में उनके कुछ मित्रों के साथ हम सो जाते थे। अपनी कला के अतिरिक्त रज़ा को उन दिनों दूसरी कोई बात नहीं सूझती थी। चौबीस

घण्टे एक वही नशा उन पर छाया रहता था। इतनी निष्ठा, इतनी एकाग्रता और इतनी धुन मैंने कभी किसी दूसरे भारतीय चित्रकार में नहीं देखी। इमारत की नींव को मज़बूत बनाने की वे पूरी चेष्टा कर रहे थे, बाद में कहीं कोई कमज़ोरी दिखायी न दे। इन सफलताओं (रज़ा को छब्बीस वर्ष की उम्र में बम्बई आर्ट सोसायटी की वार्षिक प्रदर्शनी में गोल्ड मेडल पुरस्कार मिला और पेरिस जाने की छात्रवृत्ति भी मिल चुकी थी) के बावजूद भी आर्थिक परेशानियों ने देर तक उनका साथ नहीं छोड़ा। पेरिस जाने से पूर्व जहाज़ पकड़ने के लिए जब मैं बम्बई तीन-चार दिन के लिए रुका तो वे कल्याण में रहते थे और सप्ताह में दो बार बम्बई आते थे। उन दिनों अपनी बीमार पत्नी (पहली पत्नी जो बाद में पाकिस्तान चली गयी) की दवा ख़रीदने के पैसे कभी-कभी उनकी जेब में नहीं होते थे। मैंने उनका एक चित्र अपनी बहन की ओर से सौ रुपये में ख़रीद कर उन्हें भेज दिया। अपनी माँ की मृत्यु होने के बाद उनकी क़ब्र पर उनके नाम का पत्थर लगवाने की इच्छा को वे कई वर्ष बाद ही पूरा कर सके। पेरिस में छात्रवृत्ति समाप्त हो जाने के बाद उन्होंने स्थायी रूप से वहाँ रहने का निश्चय किया तो आरम्भ के कुछ वर्षों तक भयानक अभावों के बीच दिन काटने पड़े। कभी-कभी तो उन्हें केवल डबलरोटी और आलू खाकर ही गुज़ारा करना पड़ता था।

पेरिस के कला जगत् में कलाकार के रूप में अपना अस्तित्व बनाये रखना, नाम और प्रतिष्ठा के बावजूद भी आसान बात नहीं थी। जिसके कारण रज़ा बहुत सतर्क रहते थे और कभी-कभी साधारण सी बातों को भी बहुत महत्त्व देने लगते थे। जिससे उनके विषय में ग़लत धारणा बन जाती थी। पेरिस में कला एक महत्त्वपूर्ण उद्योग था, जिसमें बैंकों और उद्योगपतियों के करोड़ों रुपये फँसे हुए थे। एक गैलरी के मालिक के साथ उनके सम्बन्ध प्रायः तनाव भरे रहते थे। पेरिस में उनके चित्रों की प्रदर्शनी का महत्त्व उनके लिए बहुत अधिक था, क्योंकि उसकी सफलता पर ही उनके आगे बढ़ने के रास्ते खुलते थे। चित्र बनाने के अतिरिक्त इन बातों की ओर भी उन्हें बहुत सतर्क रहना पड़ता था। भारत में रहने वाले चित्रकार इन सब पेचीदगियों का सही अन्दाज़ा नहीं लगा सकते थे। उनके साथ रहने पर कुछ आभास मुझे मिला।

यह सब साधारण नहीं था और रज़ा के जीवन में ये संघर्ष उनके चरित्र को निखारने की कड़ी था। रज़ा उन चित्रकारों में हैं जिन्होंने समकालीन भारतीय चित्रकला जगत् का चेहरा-मोहरा स्पष्ट किया। यह वह पीढ़ी है, जिसने आज़ादी

का स्वाद चखा। जो भारतीय चित्रकला को अन्तरराष्ट्रीय स्तर पर ले गये और देश में एक सृजनात्मक माहौल तैयार किया, ताकि युवा कलाकारों को प्रेरणा और दिशा मिल सके। अमृता शेरगिल, रवीन्द्रनाथ टैगोर, यामिनी रॉय, सूज़ां, हुसेन, रामकुमार, अकबर पदमसी, स्वामीनाथन, तैयब मेहता, के.सी.एस. पणिक्कर, संथानराज, परितोष सेन, के.जी. सुब्रमण्यन, आरा, कृष्ण खन्ना, शंखो चौधुरी, राघव कनेरिया, पीलू पोचखानवाला आदि कलाकार हैं जिन्होंने वास्तव में आज़ाद भारत के शून्य में कला की चेतना जगाने का उपक्रम किया।

इसमें सबसे अधिक श्रेय मक़बूल फ़िदा हुसेन को जाता है। जिनकी भारतीय चेतना और मानस को समझने और अकूत क्षमता ने कला और जनता के बीच रिश्ते को पक्का करने का पुख़्ता काम किया। हिन्दुस्तान आज़ाद होने के बाद युवा कलाकार इस उम्मीद में थे कि कला को समझने के लिए पेरिस, लन्दन, न्यूयॉर्क के कलाकेन्द्रों में जाना चाहिए और ज़्यादातर अगले तीन सालों में चले भी गये। हुसेन आन्ध्र-प्रदेश व देश में होने वाली रामलीलाओं को करने वाली मण्डलियों के पीछे-पीछे चलने और उनके द्वारा किये जा रहे राम-लीला प्रसंग को जान-समझ कर उन पर चित्र बना कर रात को मंच की दीवारों पर लगा देते थे और ख़ुद दर्शकों में बैठ देश के लोक-व्यवहार, मानस और जीवित चेतना से अपना नाता जोड़ रहे थे। वे अकेले ऐसे भारतीय चित्रकार थे जिन्होंने अपनी लोक परम्पराओं को समझा और चित्र में उसकी जगह बनायी। उनकी बनायी कलाकार की छवि ने देश भर के कलाकारों को एक कलाकार की आत्मछवि से समृद्ध किया। हुसेन की इसी जीवन्त उपस्थिति का लाभ सभी कलाकारों को मिला और रज़ा भी लाभान्वित हुए। वे हुसेन की इस सार्वजनिक उपस्थिति और प्रतिभा का हमेशा सम्मान करते रहे और कृतज्ञ महसूस करते थे। वे अक्सर कहते थे, "भई हुसेन की तरह नहीं कर सकता, वह मुश्किल से मुश्किल काम भी कर लेता है; मुझे सोचने-समझने के लिए बहुत वक़्त लगता है।"

रज़ा के लिए यह समय सबसे उज्ज्वल था जिसमें वे भरपूर ज्यामिति का इस्तेमाल कर रहे थे। इस दौरान के चित्र भी रज़ा को वह मुक़ाम देते हैं जिनकी तलाश में भारत भर में वे भटके थे। उनका यह दौर लगभग बीस साल

चलता है, एक के बाद एक ख़ूबसूरत चित्र, जिसमें ज्यामिति ही प्रमुख है और उसके साथ अनेक रंग-प्रयोग चल रहे थे।'Forms of Darkness,''Green Landscape,''Earth,''Water,''La Terre,''The White Flower,' 'Encounter 85,''Gestation,''Firtility,''Polarity,''Bindu,''Ma,' 'Satpura,''Bija,''Tree of Life,''Naga,''Genesis,''Jal Nidhi,' 'Ankuran,''Nidhi,' Germination,''Kaliyan,' आदि अनेक चित्र हैं जो इस बात का प्रमाण हैं। इसमें तन्त्र-मन्त्र की जगह भी कम रही और ये शुद्ध चित्रात्मकता के गुणों पर बने चित्र हैं। इनमें रज़ा एक चित्रकार की तरह उन सब तत्त्वों से खेल रहे हैं, जिनसे चित्र 'बन' जाते हैं। यहाँ हमें नहीं भूलना चाहिए कि रज़ा ने ही कहा है कि चित्र बनाये नहीं जाते, चित्र बन जाते हैं। इनमें से एक चित्र है उन्नीस सौ तिरासी का बना हुआ White Flower। यह मुझे बहुत पसन्द है। इस दौरान के बहुत से चित्रों की रंग-योजना रज़ा की प्रकृति की नहीं थी। उन पर रंग-प्रयोग या रंग-चुनौती हावी दिखायी देती है। मुझे लगता है इस दौरान के कई चित्र हैं, जिसमें रज़ा ने अपनी रंग-पैलेट को बदला है। वाइट फ्लावर चित्र से ही सभी चित्र की बात हो सकेगी। हालाँकि encounter 85 भी उतना ही ख़ूबसूरत चित्र है। वाइट फ्लॉवर चित्र में चिर-परिचित स्पेस-विभाजन तो है ही, साथ में रज़ा ने चित्र को मुख्यत: क्षैतिजी रेखाओं से बाँटा है और पूरी कलाकृति का आधार-रंग भूरा चुना है, जो यूरोपीय चित्रकला के प्रमुख रंग में माना जाता है। इसका अर्थ यह बिलकुल नहीं है कि ब्राउन कलर यूरोपीय रंग है। किन्तु चित्र प्रमाण से हम जानते हैं कि यही रंग उनकी शिक्षा से शुरू होकर अन्त तक कलाकारों के साथ बँधा रहता है। तुलूस लात्रे पहला कलाकार था, जिसने कक्षा में ब्राउन रंग से ड्राइंग करने से इनकार किया था और हमने रेम्ब्राँ के जलते भूरे के क़िस्से भी सुन रखे हैं। ब्राउन कलर यूरोप में लगभग सभी कलाकारों ने इस्तेमाल किया है और उनकी रंग-पैलेट का यह प्रमुख रंग है। पिकासो या मातीस ने भी इन रंगों के विपरीत अपना संसार खड़ा किया था। हालाँकि इनके शुरुआती काम वहीं से जुड़े दिखते हैं। रज़ा के ब्राउन कहीं से भी उस परम्परा से जुड़ते नज़र नहीं आते। इनमें बहुत तरह के ब्राउन हैं और एक पूरी शृंखला है ब्राउन रंग की। रज़ा का होना वहाँ नज़र आता है, जब वे इन्हीं भूरे रंग की धुँधली या फीकी उदासी निकाल कर उसे ऊर्जा और चमक से भर देते हैं। मानो ये भूरे रंग

अपना अस्तित्व छोड़ नयी सम्भावना में प्रवेश कर रहे हों। भले ही हम रेम्ब्राँ के भूरे रंग-प्रयोग को जलते हुए भूरे रंगों से नवाज़े, मगर उनका चित्र देखते हुए पता चलता है कि वो भूरा नहीं है जो जल रहा है, वह अपने सहयोगी रंग के बीच जलने का नाट्य कर रहा है। यहाँ मैं इन दोनों कलाकारों की तुलना नहीं करना चाहूँगा और दोनों कलाकारों के रंग-प्रयोग में शताब्दियों का अन्तर है, इसलिए भी और माध्यम का अन्तर भी मायने रखता है। किन्तु दर्शक पर प्रभाव डालने में कोई भी चित्र बराबर की सीढ़ी पर खड़ा दिखेगा। साथ ही मैं कलाकृति का अर्थ भी नहीं निकाल रहा हूँ। निर्मल जी की यह बात ध्यान में रखते हुए, जो उन्होंने भारत भवन के सेमिनार 'काल और सृजन' में अपने परचे में कही थी कि :

> कलाकृति से एक अर्थ निकालना अथवा उसमें अपने विश्वासों के सबूत ढूँढ़ना—दोनों ही बातें झूठी नैतिकता को जन्म देती हैं। कला की नैतिकता इसमें नहीं है कि वह हमारी दुनिया में जज और मौलवी की तरह हैं, जो हमें एक ख़ास व्यवस्था में रहने और जीने की मर्यादा सिखाते हैं। क्या वैध है, क्या अवैध, हमें यह करना चाहिए, यह नहीं। कला सिखाती नहीं सिर्फ़ जगाती है, क्योंकि उसके पास 'परम-सत्य' की ऐसी कोई कसौटी नहीं, जिसके आधार पर वह ग़लत और सही, नैतिक और अनैतिक के बीच भेद करने का दावा कर सके।

भूरे रंग का यूरोप में इस्तेमाल आधार रंग की तरह किया गया है जिसमें ज़्यादातर चित्रों में वह दिखायी नहीं देगा किन्तु उसमें एक धूमिल प्रभाव चित्र में लाया जाता रहा है। वहाँ के मौसम की उदासी और दृश्य का गहरे धुँधला वातावरण चित्रित करने में इस रंग के उपयोग की प्रमुख भूमिका रही है। दूसरी तरफ़ रज़ा द्वारा इस्तेमाल किये गये भूरे रंग में उजास है, चमक है। रंग एक नयी भूमिका में दिखता है। वह चित्र में धुँधला प्रभाव नहीं लाता या कि उदासी का चित्रण नहीं रहता। जैसा कि उसके इस्तेमाल का प्रचलन रहा है। रज़ा इन भूरे रंग को नयी पहचान देते हैं। इन धूसर रंगों में प्राण भर देते हैं।

यह चित्र 'वाइट फ्लॉवर' इन भूरे रंगों के एक कोने में फ्लॉवर-सा खड़ा है। रज़ा ने सफ़ेद फूल चित्रित नहीं किया है। मात्र कुछ सफ़ेद रंग रखा है जो आभास है उस पूरे चित्र में खिले फूल का। यह उसी तरह का प्रयत्न है जैसे

'राजस्थान' चित्र में राजस्थान चित्रित नहीं किया है। रंगों का चुनाव और उनके बीच का संवाद रज़ा ने कुछ इस तरह पैदा किया कि वे सब ख़ूबसूरत लाल आकर्षण लिए हैं। मानो सभी रंगों को लाल रंग में भिगो कर लगाया गया हो। इस चित्र में रज़ा ने चटख, चमकीला लाल रंग नहीं लगाया है। मात्र दो-चार जगह लाल रंग के गहरे शेड लगे हुए हैं। वे कुछ भूरापन लिए हुए हैं। भूरे रंग के कई प्रकार हैं, टोन हैं, यहाँ तक कि हरा भी भूरा-सा दिखता है। यह रज़ा की ख़ासियत ही है कि वे रंग के आर-पार देख पाते हैं। वे भूरे के पार हरा देख सकते हैं, वे लाल के भीतर का भूरा निकाल कर ले आते हैं या काले रंग में मौजूद भूरे को सम्बोधित करते हैं। यह चित्र इतने गहरे और तथाकथित डल रंगों में बना है कि इसमें उदासी का सबब साधारणतया पाया जा सकता है, किन्तु रज़ा का यह वाइट फ्लॉवर वास्तव में किसी भी मन को प्रफुल्लित कर सकता है। इसका उजलापन ही इसकी ख़ूबसूरती है और इसमें रंगों की ताज़गी साफ़ दिखायी देती है। यह भी हम देखते हैं कि ज्यामिति आधारित यह चित्र अपने विषय पर नहीं टिका है, उसमें सफ़ेद-फूल नहीं है, उस फूल की आभा है जो दर्शक की पसन्द का फूल हो सकता है। यह आसान इसलिए हो सका कि रज़ा के मन में कोई फूल नहीं था चित्रित करने के लिए। न ही उसकी कोई स्मृति उन्हें परेशान कर रही थी। न वे फूल का आभास चित्रित करना चाह रहे थे। वे बस फूल एक ख़ुशबू की तरह देख रहे थे। जो अदृश्य है, अमूर्त्त है। जिसका बखान नहीं है। जो अहसास के बाहर है जिसका इन्द्रियों से कोई लेना-देना नहीं है। एक ऐसा फूल, जो सिर्फ़ इस चित्र का फूल हो, जिसका कोई नाम न हो और जो पहचान के परे रंगों में खिला हो। जिसकी सुगन्ध उसकी उपस्थिति हो। यह चित्र किसी सफ़ेद फूल का चित्रण नहीं है और यह चित्र लाजवाब है। इसी श्रृंखला के दूसरे चित्र भी उल्लेखनीय हैं, जिनकी रंग-भूमि ब्राउन रंग की ही है। रज़ा ने नयी पहचान, नया आलोक, नयी चमक इन ब्राउन रंगों को दी है। संसार के किसी भी अन्य चित्रकार के चित्रों में भूरे रंग का यह आलोक नहीं पाया जा सकता। पाठक यह न समझें कि मैं कलाकृति का कोई अर्थ निकाल रहा हूँ, जैसा कि ऊपर निर्मल जी का कथन हम पढ़ ही चुके हैं कि कोई भी कलाकृति में किसी अर्थ को खोज निकालने की कोशिश झूठी नैतिकता ही होगी। यह कलाकृति हमारे मन में फूल के होने का अहसास 'जगाती' है। वह सफ़ेद-फूल का अर्थ नहीं

बतलाती। यह दुर्लभ स्थिति है। रज़ा के चित्र इस दुर्लभता को सँवारते हैं। दर्शक के सामने उस असम्भव का चित्र प्रस्तुत करते हैं जो अचम्भा है। जो नया है। नूतन है। निष्कम्प है।

रज़ा का यह समय सबसे ज़्यादा रचनात्मक और नये-नये विषयों का रहा है। यह वो समय भी है जिसमें नदी अपने वेग में बह रही है और सबको आनन्दित करते हुए अनेक तरह की फ़सलों को पैदा कर रही है। इसमें रुकावट नहीं है। वे लगातार नये विषय चुन रहे हैं और चित्र बना रहे हैं। उन्हें चिन्ता नहीं तन्त्र की या मिनिएचर चित्रों की, सभ्यता की या संस्कृति की। वे यह सब आत्मसात् कर चुके हैं। इनका आरोपण करने की ज़रूरत उन्हें नहीं है। वे ही तन्त्र हैं या किसी मिनिएचर में मौजूद राधा और उसका शृंगार। रज़ा के चित्रों में मौजूद भीतरी अलंकरण है जो चित्र की सतह पर दिखायी नहीं देता। वे हाशिए को भी नहीं सजाते-सँवारते। जैसा कि मिनिएचर चित्रों का चलन है। वे सिर्फ़ हाशिए को रखते हैं, उसका अलंकरण दर्शक के दिमाग़ में होता है। ये समय चित्रों के दुहराव का भी नहीं है। वे विषय दुहराते दिखते हैं। 'प्रकृति' शीर्षक से कई चित्र बनाते हैं, किन्तु हर बार अलग। वे अपने को दाँव पर लगाते हैं, जोख़िम उठाते हैं। जिस कंस्ट्रक्शन की तरफ़ ब्रेसाँ ने इशारा किया था और सेज़ां के चित्रों को देखने को कहा था, उस संरचना-संयोजन में सेज़ां से आगे निकलते दिखायी देते हैं। इस दौर के उनके चित्रों में कंस्ट्रक्शन का आधार सुदृढ़ और संयोजित है। यही वह समय है, जब रज़ा 'माँ' की रचना करते हैं, जो उनके चित्रों में विशेष स्थान रखता है।

जानीन का चले जाना

उन्नीस सौ सत्तानवे को पहली बार मैं फ्रांस गया। रज़ा साहेब के निमन्त्रण पर, बल्कि उनकी पत्नी जानीन के निमन्त्रण पर। मैं अमेरिका से लौट रहा था। टॉसन विश्वविद्यालय, मैरीलैण्ड ने मुझे तीन माह के लिए आमन्त्रित किया था। जिसमें समकालीन भारतीय कला पर मेरा व्याख्यान था और भारतीय चित्रकारों की एक प्रदर्शनी मैंने वहाँ के लिए संयोजित की थी। अमेरिका की उबा देने वाली नक़ली चमक से उखड़ा मन बहुत ज़्यादा उत्साहित नहीं था इस फ्रांस की यात्रा को लेकर। मैं जल्दी से जल्दी भारत पहुँचना चाहता था। यहाँ रज़ा साहेब के साथ दस दिन रहने का और उनके साथ बात करने का मौक़ा मिलेगा, यही बस एक कारण था जो मुझे एयरपोर्ट पर उतरने के बाद टैक्सी में रज़ा साहेब के घर लिए जा रहा था। रिऊ द शारोन पर जब मैं टैक्सी से उतर कर तो उस प्राचीन इमारत की तरफ़ देखा। उसकी खिड़की पर रज़ा साहेब का मुस्कुराता, स्वागत करता चेहरा दिखायी दिया। मुझे आश्चर्य भी हुआ इतनी सुबह रज़ा साहेब उठकर तैयार थे और मेरा इन्तज़ार कर रहे थे। रज़ा साहेब जिस इमारत में रहते हैं वो सोलहवीं शताब्दी में ईसाई धर्म में दीक्षित नन के लिए सराय जैसी इमारत थी। जिसमें अलग-अलग कमरे हुआ करते थे। जिसमें नन रहा करती होंगी। रज़ा साहेब का घर पहली मंज़िल पर ही था। पुरानी इमारत की समय-समय पर मरम्मत होती रही और बहुत ज़्यादा फेर-बदल न करते हुए उसमें पुरानापन सीढ़ियों से लेकर दीवारों और उसकी खिड़कियों पर फैला हुआ था। सीढ़ियाँ चढ़ते हुए लकड़ी की सीढ़ियाँ आवाज़ करती थीं।

पहली मंज़िल के दरवाज़े को खोलने के पहले ही रज़ा साहेब ने दरवाज़ा खोला और मुझे गले लगा लिया। मैंने उन्हें प्रणाम किया और उनके घर में हम दाख़िल हुए। अन्दर जानीन थी। मेरी ख़ुशी का ठिकाना नहीं रहा। जब मैंने देखा, सामने दीवार पर मेरा चित्र टँगा था। मुझे याद है यह चित्र रज़ा साहेब ने दिल्ली की एक प्रदर्शनी से ख़रीदा था। इसके साथ दो चित्र और ख़रीदे थे जो काग़ज़ पर थे। औपचारिकता की जगह नहीं बची थी। मेरे मन से अमेरिकी अवसाद हवा हो गया था। जानीन ने बतलाया कॉफी तैयार है। हम लोग उनके शयन-कक्ष, जिससे जुड़ा ही रसोईघर था, उसमें खिड़की किनारे रखी एक मेज़ की दोनों तरफ़ बैठे। जानीन ने कॉफी लाकर मेज़ पर रख दी। वे सामने ही बिस्तर पर तकिये का सहारा लेकर बैठ गयीं। हम कॉफी पी रहे थे और रज़ा ने संक्षेप में ही अमेरिका की यात्रा के बारे में पूछा। इसके बाद वे मुझे पास के घर में ले गये, जहाँ मेरे ठहरने का प्रबन्ध था। रज़ा ने बताया कि पहले एक कमरा ख़रीदा था फिर दूसरा और फिर तीसरा जो उनका घर है। जिसमें एक शयनकक्ष और रसोईघर है। दूसरा बीच का कमरा है, जहाँ खाने की मेज़ है। मेहमानों के लिए है तीसरा कमरा जो रज़ा का स्टूडियो है। यह घर जो दो कमरों का है, जानीन के माता-पिता का था। अब उनकी मृत्यु के बाद जानीन के स्टूडियो के उपयोग में आता है। घर में ही जानीन की एचिंग मशीन रखी थी। एक तरफ़ दीवार से टिके बहुत से चित्र रखे थे। जिनमें ज़्यादातर रज़ा के ख़रीदे हुए चित्र थे, जो उन्होंने समय-समय पर भारतीय चित्रकारों से ख़रीदे थे। कुछ चित्र उनके भी थे और कुछ जानीन के। रज़ा बड़े उत्साह से दिखाने लगे। वहाँ राजेन्द्र धवन, प्रभाकर कोलते, लक्ष्मण श्रेष्ठा, सतीश पांचाल, योगेन्द्र त्रिपाठी, सीमा, दो चित्र मेरे भी, जोगेन चौधरी, तैयब मेहता, जरीना, कृष्णा-रेड्डी और कुछ अनजान कलाकारों के भी काम थे। जिनका नाम रज़ा ख़ुद भूल चुके थे।

रज़ा ने पूरा घर दिखाया। सोने की जगह दिखलाई। जिस पर बाघ प्रिन्ट की चादर डाली गयी थी। रज़ा ने कहा जानीन ने ख़ुद यह कमरा ख़ासतौर पर तुम्हारे लिए तैयार किया। यह कमरा उनके पिता का शयनकक्ष था। कमरे की एक खिड़की बाहर सड़क की तरफ़ खुलती थी। वहाँ रेक में बहुत सी फ्रांसीसी भाषा की पुस्तकें रखी हुई थीं। इसके बाद उन्होंने रसोई घर और स्नानघर दिखलाया और तैयार होकर मुझे बारह बजे तक आने का समय दिया। मुझे

छोड़कर रज़ा चले गये और मैं अपना सूटकेस खोलने-फैलाने में लग गया।

दोपहर जब मैं पहुँचा रज़ा स्टूडियो में काम कर रहे थे और जानीन रसोईघर में थीं। मैं बैठा उन्हें काम करते देखता रहा। उनके स्टूडियो का जायज़ा लेता रहा। एक तरफ़ दो बड़े रैक थे, जिनमें किताबें भरी हुई थीं। उसी के नीचे खुले खाने में बहुत से प्रिन्ट रखे हुए थे। सामने की तरफ़ एक अलमारी थी, जिसमें कोई पल्ले नहीं थे। उनके ख़ानों में बहुत-सी छोटी-मोटी अनेक मूर्तियाँ रखी थीं। गणेश, बाल-गोपाल, कृष्ण, शिवलिंग, क्रॉस पर टँगे ईसा-मसीह, कलश, उनके गुरु मोहन कुलकर्णी का छायाचित्र, कई तरह की ताबीज़, मालाएँ, चूड़ियाँ, जीसस का फ़ोटो, ताज़ा फूल, दो नारियल, कई तरह की जली हुई मोमबत्तियाँ, मरियम और शिशु जीसस की लकड़ी की नक़्क़ाशी की हुई एक छोटी-सी मूर्त्ति, हिन्दूइज़्म, ईसाईयत, इस्लाम, गीता-प्रवचन, बाइबिल, कुरान, रामचरित मानस, तुलसीदास के दोहे की पुस्तक, कुछ और पुस्तकें, कुछ काग़ज़, कई कैटलॉग, एक छोटी सी फ्रेम में पुराना कोई चित्र, कुछ क़लम आदि रखे हुए थे। एक शीशी में मण्डला से लायी गयी मिट्टी, माँ का फ़ोटो, अपने शिक्षक का फ़ोटो, नीचे तीन-चार बोतलों में वर्धा, दमोह, शान्तिनिकेतन से लायी गयी मिट्टी, एक बड़ा-सा शंख, हनुमान की मूर्त्ति, कुछ मूर्त्तियाँ, अलमारी के ख़ानों से लटकी अनेक मालाएँ, पूरी अलमारी भरी हुई थी अनेक यादों से जो उनका बीता हुआ समय था, जिसे बाद में उन्होंने करीने से समेट रखा था। अलमारी के पास वाली दीवार पर एक लकड़ी की पुरानी मूर्त्ति टँगी थी। बायीं तरफ़ दरवाज़े पर अमृता शेरगिल का फ़ोटोग्राफ लगा था जो पेरिस में भारतीय प्रदर्शनी का पोस्टर था। उसी के पास दीवार पर मिनिएचर का एक पन्ना ख़ूबसूरत ढंग से फ्रेम किया टँगा था। उसी के नीचे जानीन का एक कोलाज। रज़ा का छोटा सा चित्र। पूरे स्टूडियो का माहौल चित्रमय और उनकी सुरुचि से बिखरा हुआ सा जमा था और दीवार से टिका रज़ा का अभी-अभी पूरा किया हुआ एक बड़ा चित्र रखा था। रज़ा चित्र में डूबे थे। मैं उनके स्टूडियो में रखे चित्रों को देख रहा था। एक तरफ़ रैक में बहुत से काग़ज़, फ़ाइल, फैक्स मशीन, फ़िल्मों के कैसेट्स, फ़िल्म रोल, क़ैमरा, ट्रायपॉड, लैम्प और कई तरह

की चीज़ें थीं जो दिख भी रही थीं और जिसे उस वक़्त देख पाना सम्भव नहीं था। रज़ा को जानीन ने आकर फ्रेंच में कुछ कहा और रज़ा ने अपने हाथ का ब्रश आहिस्ता से धोया फिर उसी बर्तन में छोड़ उठ खड़े हुए। वे बोले, चलिए, ड्राइवर आ गया है।

हम लोग नीचे आये। वहाँ कार खड़ी थी। रज़ा ने मुझे बैठने का इशारा किया। हम दोनों कार में बैठे। रज़ा ने उन्हें कुछ कहा और कार चल पड़ी। रज़ा ने कहा, आप पहली बार पेरिस आये हैं; मैं आपको थोड़ा पेरिस दिखा देता हूँ। थोड़ा देख लेते हैं। आप शहर को जान जायेंगे। उस दिन सबसे पहले हम लोग रज़ा जिस स्कूल एकोल द बोज़ार में पढ़ते थे, वहाँ गये फिर लूव्र, म्यूजे डोरसे, शांजे-लिज़े, मोमात्र। मैं पेरिस देख रहा था, कार चल रही थी। रज़ा साहेब हर जगह के बारे में बताते जा रहे थे। आपको यहाँ आना है, यहाँ कल हम लोग आयेंगे, ये देखिये रौदां का शिल्प। हम लोग लगातार कार में चल रहे थे। किसी भी जगह उतर कर नहीं गये और रज़ा लगातार कल या बाद में आने की बात कर रहे थे। वे चाहते थे पेरिस की एक झलक मुझे मिल जाये और मैं शहर में अजनबी-सा न महसूस करूँ। मोमात्र में एक रेस्तराँ में रुककर रज़ा साहेब ने कहा यहाँ कुछ खा लिया जाये। पहले मैं यहीं रहता था। पिकासो, शागाल और बहुत से कलाकारों के स्टूडियो यहीं थे। हम लोग रेस्तराँ के बाहर एक मेज़ पर बैठ गये। पेरिस के रेस्तराँ की यह बात मुझे अजीब लगी कि सभी लोग सड़क की तरफ़ मुँह करके बैठे थे। रज़ा साहेब ने पूछा अन्दर बैठना चाहेंगे या बाहर? मुझे बाहर अच्छा लग रहा था, सो हम लोग बाहर बैठे। थोड़ी ही देर में बैरा हम दोनों के सामने बियर रख गया। वो इतना ज़्यादा व्यस्त था कि उसके पास सुनने के लिए भी समय न था। किसी तरह उसे समय मिला। हमारा खाना आर्डर हुआ रज़ा साहेब ने सिगरेट निकाल कर मुझे ऑफ़र की और एक ख़ुद जला ली। रज़ा साहेब लगातार बात कर रहे थे। मुझे बता रहे थे और मैं जो भी पूछ रहा था उससे बात बढ़ रही थी। ऐसा नहीं लग रहा था कि खाना खाने का काम ख़त्म करना है और घूमना शुरू करना है। इत्मीनान से बैठे हम दोनों सिगरेट बीयर पीते हुए समय को पी रहे थे। खाना आया। हम लोगों ने खाया और अब थोड़े सुरूर के साथ कार में बैठे थे। रज़ा ने ड्राइवर से कुछ पूछा, कुछ कहा और हम लोग फिर चल पड़े। दिन भर

कार से पेरिस की सभी महत्त्वपूर्ण जगहों, नॉत्र-दोम, पोम्पेदू सेंटर, पाले द वसाई, पिकासो म्यूज़ियम, डाली म्यूज़ियम, पेरिस म्यूज़ियम ऑफ़ मॉडर्न आर्ट, पाले द तोक्यो, ग्रैंड पैलेस, मोला-रुज़, रिउ द रिवोली, बस्ती ओपेरा दिखाया और शाम के लगभग सात बजे तक हम घर लौटे।

मैं अपने कमरे में चला गया। रज़ा साहेब ने नौ बजे आने को कहा। वहाँ मैंने रखी किताबें देखनी शुरू की, जिसमें ज़्यादातर फ्रेंच किताबें थीं। कुछ साहित्य, कुछ वास्तुशास्त्र, चित्रकला, कैटलॉग्स, इतिहास, अन्य देशों पर किताबें आदि अनेक पुस्तकें देखते हुए मुझे समय का ध्यान नहीं रहा और दरवाज़े पर दस्तक सुनायी दी। रज़ा साहेब का चिन्तित स्वर सुना और घण्टी बजी। मैंने दरवाज़ा खोला। रज़ा साहेब चिन्तित से बोले आप सो गये थे क्या? दस बज रहे हैं आप नहीं आये तो मुझे चिन्ता हुई। मैं चकरा गया, दस बजे हैं और मुझे पता न चला, आसमान में रोशनी शाम के छह बजे सी है। हम दोनों उनके घर गये। खाने की मेज़ पर जानीन ने स्वागत किया। रज़ा साहेब ने वाइन की बोतल निकाली और तीन गिलास भरे। जो टेबल पर रखे थे। मेज़ पर नया मेज़पोश बिछा था। कई तरह की प्लेट, छुरी-काँटे रखे हैं। रज़ा साहेब ने बतलाया आज जानीन ने विशेष फ्रांसिसी ढंग का भोजन तैयार किया है। ख़ास तुम्हारे लिए। फ्रेंच डिनर प्रसिद्ध भी है घण्टों चलने के लिए। उसका अन्दाज़ा होने वाला था। जानीन ने कई तरह के पकवान बनाये हुए थे और वे एक के बाद एक रसोईघर से ला रही थीं। रज़ा साहेब और मैं बातों में लगे थे। वे भी बीच-बीच में इसमें हिस्सा लेती थीं और इस तरह वाइन और खाना और बातें चलती रही। इस बीच रज़ा ने कहा मैं एक कविता सुनाना चाहता हूँ और उन्होंने जानीन को लक्ष्य करते हुए अज्ञेय की यह कविता सुनायी जो उन्हें कण्ठस्थ थी। बीच में वे जाकर स्टूडियो से अपनी डायरी 'ढाई आखर' ले आये, जिसमें यह कविता लिखी हुई थी मगर उन्होंने उसे खोलने की ज़रूरत नहीं समझी। जब वे सुना रहे थे उनकी आँखों में थोड़ी शरारत और थोड़ी-सी हरारत चमक रही थी। उन्होंने जानीन को फ्रेंच में अनुवाद भी कर के सुनाया और शायद ये कविता कई बार सुना चुके थे कि जानीन बीच-बीच में कुछ शब्द ठीक भी करती रहीं। कविता है :

जब आवे दिन
तब देह बुझे या टूटे, इन

आँखों को
हँसती रहने देना।

हाथों ने बहुत अनर्थ किये
पग ठौर-कुठौर चले,
मन के
आगे भी खोटे लक्ष्य रहे
वाणी ने (जाने-अनजाने) सौ झूठ कहे पर आँखों ने
हार
दुःख
अवसान
मृत्यु का
अन्धकार भी देखा तो
सच-सच देखा

शाम बहुत शालीन और स्वादिष्ट होती जा रही रही थी। रज़ा ने बतलाया कि अब जो पकवान आने वाला है उसके साथ सफेद वाइन ही पी जाती है, अतः ये ग्लास ख़त्म कीजिये। फिर उन्होंने वे ग्लास ले जाकर अन्दर रख दिए। मेज़ पर रखे दूसरे ग्लास में सफ़ेद वाइन डाली गयी। खिड़की के बाहर का उजाला फैला हुआ था। रात के ग्यारह बज रहे होंगे और मुझे लग नहीं रहा था कि इतनी देर हो चुकी है। लज़ीज़ खाने के बाद जानीन चीज़ लेकर आयीं। वे कई तरह के थे। लकड़ी की एक लम्बी-सी पट्टी पर करीने से रखे हुए थे और चीज़ काटने का विशेष क़िस्म का चाकू जो शायद जानीन के माता-पिता का होगा। उस पर की गई नक़्क़ाशी और उसका हाथी दाँत का हैंडल यह सब उसके प्राचीन होने के संकेत थे। जानीन ने बतलाया ये फ्रांसीसी खाने का सबसे महत्त्वपूर्ण भाग है और उन्होंने उन चीज़ के बारे में बतलाना शुरू किया, ये नॉरमैंडी का चीज़ है जो बहुत ही स्वादिष्ट होता है इसके लिए जो दूध इस्तेमाल किया जाता है उनकी गाएँ ज़मीन पर घास नहीं चरतीं वे पहाड़ों पर रहती हैं बारह सौ फीट ऊपर। 'कॉमते' पूर्वी फ्रांस में ही होता है। फ्रांस के अलग-अलग प्रान्त में बनने वाले चीज़ दिए गये, 'कमेमबेर'

'रुफोर' 'ब्री' और सबसे आख़िर में ब्लू चीज़ जो फ्रांस और स्विट्ज़रलैण्ड की सीमा पर बनाया जाता है जिसे बाहर के ज़्यादा लोग पसन्द नहीं करते हैं, इसमें बैक्टीरिया होते हैं यह एक तरह का ज़िन्दा चीज़ है। मुझे सबसे स्वादिष्ट वही लगा और यह जानकर जानीन को ख़ुशी हुई। उन्होंने एक के बाद एक सभी चीज़ मुझे खिलाये और ब्लू चीज़ दुबारा दिया। यह मेरे लिए भी नया था। इसके पहले मैंने चीज़ खाये नहीं थे। हमारे यहाँ जो पनीर मिलता है वह अलग क़िस्म का ताज़ा पनीर होता है और उसका चलन वहाँ न था। ब्लू चीज़ वाकई बहुत स्वादिष्ट है, यह मैंने उस रात जाना।

शाम का समापन रज़ा ने कोन्याक से किया, उसके लिए अलग छोटे ग्लास निकाले गये। एक ही बार में उसे पीना था। यह भी मैंने पहली बार पिया। और दो बार पिया। कोन्याक वही है जिसे हम one for the road के नाम से जानते हैं। निर्मल जी की कहानियों में कोन्याक पढ़ने को मिला था, इसके पहले वैन गॉग की जीवनी Lust for Life में उसे कॉगनेक ही पढ़ता रहा था उसकी स्पेलिंग Cognac के कारण।

उस शाम रज़ा ने एक बात और कही और यह भी कहा इसे याद रखियेगा। वे बोले, आप पेरिस आये हैं और यहाँ कई लोगों से मुलाक़ात भी होगी और वे लोग आपको रात खाने पर आमन्त्रित भी करेंगे। आप ध्यान रखियेगा कि यदि उन्होंने शाम को आठ बजे बुलाया है तब आप कोशिश कर आठ बजे ही पहुँचियेगा और यदि देरी हो रही है तब उन्हें फ़ोन कर दीजिये कि आप सवा आठ बजे तक आयेंगे। यदि साढ़े आठ बजे आप पहुँचे तो यह ज़रूर बताएँ कि ट्रैफिक के कारण देरी हुई और इससे ज़्यादा देर हो रही है तब मत जाइयेगा। दूसरे दिन फ़ोन कर माफ़ी माँग लीजिए। यहाँ हिन्दुस्तान से लोग आते हैं और समय का ध्यान नहीं रखते। जैसे आज आप भूल गये थे नौ बजे आना। ख़ुद के बोले शब्दों पर भरोसा कीजिये और उसका पालन कीजियेगा। यह मेरे लिए बड़ी सीख थी। इस बात पर कभी ध्यान नहीं गया था।

दूसरे दिन मैं तैयार होकर आया। हम लोगों ने नाश्ता किया और रज़ा बोले आपको मेट्रो में कैसे चलना है, मैं यह बतला देता हूँ। उन्होंने बताया यहाँ इस

कटोरे में मेट्रो के सिक्के रखे हैं, वहाँ एक कटोरे में बहुत से प्लास्टिक के हरे रंग के सिक्के रखे थे, उन्होंने कहा आप जब बाहर जायें ये सिक्के साथ ले जाया करें और उन्होंने कुछ सिक्के ख़ुद लिए कुछ मैंने अपनी जेब में डाल लिए। रिउ द शारोन स्टेशन पास ही था, रज़ा साहेब ने बतलाया कैसे सिक्का रखकर अन्दर आना है। वहाँ लगे नक़्शे को पढ़कर किस प्लेटफ़ार्म पर जाना है, इस तरह हम लोग मेट्रो में उनके कॉलेज गये। जिसमें एक स्टेशन पर कैसे मेट्रो बदलना है, दूसरे पर पहुँच कर सवार होना है, इस विस्तार के साथ बतलाया कि मैं कुछ ही दिनों में मेट्रो सवारी का विशेषज्ञ हो गया था। उस दिन हम लोग मेट्रो से कई जगह गये और हर बार रज़ा साहेब ने मेट्रो-मैप पढ़ने और दिशा जानने का तरीक़ा बतलाया। इस तरह उनका कॉलेज, लूव्र, शांजे-लीज़े, गारे द नोर्द, और पूर्वी स्टेशन तक गये। रज़ा ने इन यात्राओं में मेट्रो बदलने, मेट्रो-मैप पढ़ने और प्लेटफार्म तक पहुँचने के संकेत पढ़ने में मुझे पारंगत कर दिया था। दिन भर का सफ़र किया और वापस आये। रज़ा थक भी चुके थे और मेरे मन में घूमने का उत्साह बचा हुआ था।

पेरिस में आये मुझे तीन दिन हो चुके थे और मैं अब अपनी मर्ज़ी से घूम रहा था। रात का खाना हम लोग साथ खाते थे और रज़ा दिन भर क्या किया सुनते-बतलाते रहते। जानीन तरह-तरह के फ्रांसीसी भोजन तैयार करती थी और अमेरिका, जहाँ का खान-पान मुझे बिलकुल ही पसन्द नहीं आया था और जो एक उदासीन मुल्क लगा मुझे, जिसमें सब एक-दूसरे से उदासीन अपने न जाने कौन-कौन से काम में लगे रहते थे जिसमें व्यक्तिगत स्वतन्त्रता का महत्त्व था, निजित्व को कोई छू नहीं सकता था और सब कुछ एक जैसा दिखायी देता था। उसके बरक्स लज़ीज़ फ्रांसीसी भोजन वाकई लुभा लेने वाला था। चीज़ के प्रति मेरी रुचि देख जानीन के चीज़ ख़ज़ाने में कई और नये चीज़ आ चुके थे और खाने के बाद वो खाने से ज़्यादा रुचि से जानीन मुझे परोसती थीं। लूव्र में कर्मचारियों ने हड़ताल कर दी थी इस कारण लूव्र बन्द है और मैं देख न सका, जानकर जानीन रोज़ टेलीविजन पर ख़बरें लगा लेती थीं और ताज़ा जानकारी सुनाती रहती थीं। रज़ा भी मज़ाक़ किया करते थे। चौथे दिन सुबह नाश्ते के बाद जब मैं चलने लगा तब रज़ा ने कहा आज शाम जल्दी आ जाना हम लोग बाहर खाना खाने चलेंगे। उस दिन मैंने पोम्पेदू संग्रहालय देखा और शाम जल्दी ही वापस लौट आया। रज़ा अपने स्टूडियो

में काम कर रहे थे, मैंने उन्हें बताया कि मैं आ चुका हूँ। रज़ा ने कहा शाम आठ बजे तैयार हो जाना। हाँ, आप शाम को क्या पहनेंगे? मैंने पूछा कुर्ता और चूड़ीदार चलेगा? वे बोले, हाँ दिखा दीजियेगा। मैं अपने फ़्लैट में आ गया और घड़ी देखते हुए वहाँ रखे दुर्लभ कैटलॉग देखता रहा। रज़ा साहेब के लिए कहीं भी जाने के लिए पहनने वाली पोशाक का चुनाव करना एक वैचारिक प्रक्रिया से गुज़रना होता है। कुछ भी पहन कर नहीं जाया जा सकता या बिना सोचे-समझे कपड़ों का चुनाव नहीं कर सकते। यह बाक़ायदा देख-समझ कर किया जाने वाला काम है। शाम को मैंने उनकी पसन्द का कुरता, जैकेट और चूड़ीदार पहनकर दरवाज़ा खटखटाया। उम्मीद के विपरीत रज़ा साहेब अपने सूट-बूट में तैयार थे, उन्होंने दरवाज़ा खोला मुझे अन्दर आने दिया फिर देख कर बोले, हाँ, ये बढ़िया है। यह सब तैयारी और उनका उत्साह देखकर मैंने पूछ लिया कि कहाँ जाना है? इस बीच जानीन भी तैयार होकर आ गयी थीं। उन्होंने जवाब दिया 'इन्दिरा।' इन्दिरा एक भारतीय रेस्तराँ है शांजे-लिज़े पर। यह वो रेस्तराँ है जो रज़ा को बहुत पसन्द है और अपने भारतीय मित्र के आने पर वे वहाँ ले जाना पसन्द करते हैं। मैंने अपने विदेशों के अकल्पनीय ढंग से बुरे भारतीय रेस्तराँ-अनुभव से कहा, ये भारतीय नहीं होगा। रज़ा साहेब का चौंकना स्वाभाविक था, वे पिछले चालीस साल से वहाँ जा रहे हैं और उसकी विश्वसनीयता पर सन्देह उनके लिए नया था। वे बोले, आप कभी गये हैं वहाँ, आपको कैसे पता? मैंने कहा, मैं अपने अनुभव से बोल रहा हूँ ज़्यादातर भारत के नाम पर चलने वाले रेस्तराँ पाकिस्तानी या श्रीलंकन चलाते हैं जिनकी रेस्तराँ का नाम भारतीय होता है किन्तु उन्हें भारत के भोजन के बारे में कोई अन्दाज़ा नहीं होता। वे अक्सर भारतीय नामों वाले रेस्तराँ होते हैं और आप देखियेगा मैं दो चीज़ आर्डर करूँगा और वे दोनों ही नहीं होंगी। ये रज़ा साहेब के लिए यह नया उद्घाटन था। वे बच्चों जैसे उत्साहित हो गये मानों कोई नयी पहेली हल करने को मिल गयी हो। हमलोग रेस्तराँ पहुँचे, वहाँ बोर्ड पर लिखा था 'इन्द्र', न जाने क्यों फ्रांसीसी उसे इन्दिरा कहते थे। ख़ूब बड़ा-सा रेस्तराँ था जिसकी साज-सज्जा, ये हिन्दुस्तानी हो सकता है मान कर उपलब्ध चीज़ों से किया गया था। कुछ सिनेमा के पुराने पोस्टर भी थे। कुछ बेतरतीब सी राजा रवि वर्मा वाली शैली के निहायत ही दोयम दर्जे के चित्र थे। हमारे खाने का आर्डर लेने आये बैरा से मैंने अरहर

की दाल लाने को कहा, उसने मना कर दिया, ये हमारे पास नहीं है। मैंने रज़ा साहेब को देखकर कहा एक चीज़ हो गयी है अब दूसरी आर्डर करता हूँ, दूसरा मैंने उसे कुछ हरी मिर्च देने को कहा उसके लिए भी उसने इनकार कर दिया। रज़ा साहेब का चेहरा बुझ-सा गया। चूँकि रज़ा साहेब यहाँ अक्सर आते रहे हैं और वे भारत से आने वाले हर ख़ास मेहमान को शौक़ से यहाँ लाते रहे हैं इसलिए भी और रज़ा एक चित्रकार हैं इस कारण भी रेस्तराँ का मालिक उनका प्रशंसक था और वो हर बार उनके आने पर स्वागत करता रहा था। रज़ा उनके विशेष मेहमान होते थे। आज भी वो फूलों का गुच्छा लेकर रज़ा साहेब से मिलने आया और बड़े ख़ुलूस से मिला। रज़ा साहेब ने मेरा परिचय करवाया और उसने तत्परता से हाथ मिलाकर ख़ुशी ज़ाहिर की। मैंने पूछा आप हिन्दुस्तान में कहाँ से हैं? उसने कहा मैं हिन्दुस्तान नहीं पाकिस्तान के पेशावर से हूँ। यह सुनकर रज़ा साहेब का मन उखड़ गया। वे उसके बाद कभी वापस नहीं गये इस रेस्तराँ में। लौटते में उन्होंने कहा मुझे कभी अहसास नहीं हुआ।

रज़ा बहुत ही शाईस्ता शख़्स हैं। बेहद संकोची और अपनी बात के लिए बेइन्तहा ज़िद्दी। उनके लिए पाकिस्तान न जाना एक मुश्किल फ़ैसला था मगर उन्होंने लिया। उनके बड़े भाई, जो दिल्ली में कम्युनिस्ट पार्टी के सक्रिय सदस्य थे और जिन्हें रज़ा बहुत सम्मान दिया करते थे घर में सबसे ज़्यादा पढ़े-लिखे और संस्कृत के विद्वान, के कहने पर भी रज़ा ने पाकिस्तान न जाने का अपना फ़ैसला नहीं बदला। उन्हीं के कहने पर घर के सभी भाई-बहन हिन्दुस्तान छोड़ रहे थे। यहाँ तक कि उनकी पत्नी फ़ातिमा ने भी पाकिस्तान जाने की ज़िद की तो जाने दिया मगर उसके बाद उन्होंने वर्षों अपने भाई-बहनों से कोई सम्पर्क नहीं किया न मिले। उन्हें दुःख था कि वे लोग क्यों चले गये और वर्षों बाद जब उनके छोटे भाई ने मिलने की कोशिश की तब वे उन्हें किसी रेस्तराँ में मिले सिर्फ़ आधे घण्टे के लिए। यही भाई बाद में अफ्रीका जाकर बस गये। उनकी मृत्यु के बाद उनकी पत्नी फ़ातिमा जब रज़ा से मिलने आयीं तो उन्होंने गोर्बियो में अच्छे से स्वागत किया और दुपहर के खाने की मेज़ पर साफ़-साफ़ कह दिया वे उनसे विवाह नहीं कर सकते। रज़ा का पूरा परिवार पाकिस्तान चला गया था, उनके सभी भाई-बहन, सिर्फ़ वे नहीं गये। और उन्हें पाकिस्तान से ज़्यादा मोह भी नहीं रहा।

दूसरे दिन जब स्टूडियो में पहुँचा तो मैंने देखा रज़ा नया कैनवास शुरू कर रहे हैं। मेरे आश्चर्य की सीमा नहीं रही जब मैंने देखा उन्होंने काले रंग से काम शुरू किया। अठहत्तर में उनकी प्रदर्शनी देखते हुए मैंने उनके चित्रों से ही यह जाना था कि रज़ा काले रंग से काम शुरू करते हैं, आज उसे होते देख रहा था, उत्तेजना में मैंने रज़ा साहेब से यह कहा। उन्होंने कहा यदि चित्र ध्यान से देखें तो वे अपने बारे में और कलाकार के बारे में भी बता सकते हैं। उन्हें ख़ुशी हुई कि मैंने इतने ध्यान से चित्र देखे थे। मैं पेरिस की यात्रा पर निकल पड़ा। लूव्र लगभग हर दिन जाता था, मोनालिसा देखने की इच्छा थी किन्तु हड़ताल खिंचती चली जा रही थी। दूसरे संग्रहालय देखना और बेकार सड़कों पर घूमना भी जारी रहा, साथ ही रिउ द रिवोली पर विंडो शॉपिंग भी। रज़ा से शाम को रोज़ खाने पर दिन भर की बात हुआ करती थी। जानीन भी सुझाया करती थीं क्या करना चाहिए दूसरे दिन और टेलीविज़न पर ख़बरें सुनकर बताया करतीं कि हड़ताल कब ख़त्म हो सकती है। वे लोग अपनी तनख़्वाह बढ़ाने के लिए हड़ताल किये हुए थे और इसमें कोई कम्युनिस्ट शामिल नहीं था। एक दिन रज़ा साहेब ने मज़ाक़ भी किया कि वे लोग कह रहे हैं कि अखिलेश को मोनालिसा नहीं देखने देना है इसलिए हमने हड़ताल की है, जब वो चला जायेगा तब लूव्र खुल जायेगा। इसका जवाब जो मैंने दिया उसे सुनकर जानीन को बहुत मज़ा आया, मैंने कहा रज़ा साहेब, वो ये कह रहे हैं कि अखिलेश ने यदि मोनालिसा देख ली वो दुबारा फ्रांस नहीं आयेगा, हम चाहते हैं दूसरी बार में वो मोनालिसा देखे। इस तरह के हँसी-मज़ाक़ और स्नेह के दिन जल्दी ही गुज़र गये और मेरे लौटने का दिन आ गया। रज़ा साहेब मुझे आर्ट मटेरियल की दुकान लेकर गये जहाँ से वे अपने लिए सामग्री ख़रीदते थे और कहा आपको जो भी पसन्द आये लीजियेगा। लौटने पर जानीन मुझे बाज़ार लेकर गयीं और अपनी पसन्द के दो इत्र ख़रीदे, एक मेरे लिए दूसरा अनु के लिए। फिर कुछ शर्ट ख़रीदीं। मेरे मना करने के बावजूद। और शाम का भोजन उनके घर के पास वाली एक फ्रेंच रेस्तराँ में करने गये।

दो हज़ार दो रज़ा के लिए मुश्किल साल था। उनकी पत्नी जानीन को कैंसर हुआ था जिसका इलाज लम्बे समय से चल रहा था और आख़िर में बढ़ते दर्द के कारण उन्हें अस्पताल में भर्ती करना पड़ा। रज़ा साहेब को सिर्फ़ एक घण्टे के लिए शाम को मिलने की सुविधा थी। जिसमें भी जानीन दवाइयों

के असर से लगभग बेसुध रहती थीं। उनकी याददाश्त कमज़ोर हो चुकी थी और रज़ा रोज़ एक घण्टे उनके पास नियमित रूप से जाकर बैठा करते थे। उम्मीद की जगह न थी। दुआओं का सहारा भी एक दिन पूरा हुआ। उनका फ़ोन आया। मैं उन दिनों हैदराबाद में था। अनु से बात हुई। उसने बताया कि मैं बाहर गया हुआ हूँ। रज़ा ने अनु से ही बात की। उन्होंने जानीन के गुज़र जाने की ख़बर दी। 'मैं अकेला घर में अपनी कुर्सी पर बैठा हूँ और अभी-अभी जानीन के देहान्त की ख़बर अस्पताल ने मुझे दी। मैं अकेला हूँ और समझ नहीं पा रहा हूँ...' मैंने सबसे पहले अशोक (अशोक वाजपेयी) को फ़ोन किया था, वे शायद व्यस्त हैं, बात नहीं हो पायी। अखिलेश से बात करना चाहता था वो भी नहीं है। अजीब इत्तेफ़ाक़ है मेरे प्रिय पास नहीं हैं। अनु ने मुझे हैदराबाद फ़ोन कर सूचना दी रज़ा साहेब तुमसे बात करना चाहते हैं। मैंने तत्काल फ़ोन लगाया और उनसे बात की। उनकी आवाज़ में दर्द और अकेलापन था। बात करते-करते वे रो पड़े और थोड़ी देर रोते हुए ही कुछ फ्रेंच में बोल रहे थे, कुछ हिन्दी, कुछ अँग्रेज़ी में और धीरे-धीरे ख़ुद को सम्भाला और कहा माफ़ी चाहता हूँ कुछ गला ख़राब है, कुछ मौसम ख़राब हुआ इधर पेरिस में। मेरी तबियत भी ठीक नहीं है। जानीन को लेकर गोर्बियो जाना है उसकी तैयारी करनी है। मेरे पास सांत्वना के शब्द नहीं थे। दिमाग़ ने काम करना बन्द कर दिया था। रज़ा को इस तरह देखा न था और जो भी सूझा, बोल सका था, बोला। रज़ा ही बतला रहे थे। जानीन से तियालिस साल का सम्बन्ध समाप्त हुआ था और यह सिर्फ़ सम्बन्ध ही नहीं था रज़ा की रीढ़ भी थी जिसके बल पर रज़ा को बाक़ी चिन्ता कभी नहीं करनी पड़ी। जिसके कारण रज़ा को पेरिस का अपरिचित संसार भी अपना लगता था। इस घटना के कुछ महीने बाद रज़ा का फ़ोन आया, बहुत ही टूटी हुई आवाज़ में कहा, मैं बहुत अकेला महसूस कर रहा हूँ, अभी रामकुमार आये थे चार दिनों के लिए, हम साथ थे वे कल चले गये। आप आ सकते हैं पेरिस कुछ दिन मेरे साथ रहने के लिए? उसके बाद दो हज़ार दस तक हर वर्ष मैं गर्मियों के तीन-चार महीने रज़ा के साथ बिताने के लिए फ्रांस में होता था।

जानीन की मृत्यु के बाद रज़ा पेरिस में गुम गये। वे उस बालक की तरह थे

जो इस दुनिया से सम्बन्ध बैठाने में अपने को अक्षम पाता है। रज़ा पेरिस में अब अकेला महसूस करते थे। वे लगभग अपने को भूल कर कोशिश कर रहे थे चित्रों में ध्यान लगाने की और वे भटक भी रहे थे। उनके घर में खाना बनाने और साफ़-सफ़ाई के लिए पोलिश महिला सप्ताह में तीन दिन आया करती थी। वो इकट्ठा सारा काम कर दिया करती। यह वो समय था जब रज़ा बिन्दु पर एकाग्र हुए; अनेक चित्र सिर्फ़ बिन्दु को लेकर ही बनाये। बल्कि यह कहना भी ठीक होगा कि इसके बाद के रज़ा बिन्दु पर ही एकाग्र हुए 'बिन्दु', 'जल-बिन्दु', 'आवर्तन', 'तिर्यक', 'सत्यमेव जयते', 'नाद-बिन्दु', 'नील-श्याम', 'बिन्दु-पंचतत्व', आदि अनेक चित्र बनाये और इसमें से कई चित्रों को बार-बार बनाया। रज़ा के लिए अब सारा संसार इस एक बिन्दु में सिमट आया था। वे कहते भी रहे कि बिन्दु शून्य था, सूर्य बन गया, प्रकाश में अनेक रंग दिखे, नये जीवन का प्रारम्भ हुआ। रज़ा के लिए बिन्दु अब प्राण-बिन्दु बन गया।

एकान्त और गोर्बियो की सुन्दरता

जानीन की मृत्यु के बाद रज़ा बिलकुल बदल गये। सिर्फ़ एक बात नहीं बदली। वह था उनका चित्र बनाना। रज़ा को पता था कि मैं आज आ रहा हूँ। हालाँकि मेरी फ्लाइट जल्दी आ गयी थी और मैं रज़ा के घर कुछ जल्दी ही पहुँच गया था। अपना सूटकेस दरवाज़े पर छोड़ सामने की रेस्तराँ में कॉफी पीकर समय काटने चला गया था। सात बजे जब लौटा, रज़ा खिड़की में खड़े मेरा इन्तज़ार कर रहे थे। उन्होंने हाथ हिलाकर स्वागत किया। चेहरे पर एक मुस्कान दिखी। ऊपर पहुँचा, वे दरवाज़ा खोल कर खड़े हुए मिले। मुझे देख उनके चेहरे पर ख़ुशी की चमक साफ़ दिख रही थी। मैंने प्रणाम किया। रज़ा ने मेरा हाथ अपने हाथों में ले लिया और पकड़े रहे। रज़ा संकोच में कई बातें नहीं करते हैं और उनके हाथ वे सब मुझसे कह रहे थे। जानीन के जाने का दु:ख उनके हाथों से बहकर मुझे गीला कर रहा था। रज़ा भावुक व्यक्ति नहीं हैं। वे अपने को बाहर से भी देख सकने की क्षमता रखते हैं। मेरा हाथ पकड़े हुए ही वे मुझे भीतर ले गये। उनकी मेज़ पर दो कप चाय बनी रखी थी। हम दोनों ने नि:शब्द चाय पी और रज़ा कुछ बिखरे-सिमटे से लगे। रज़ा उदास थे, जानीन के बग़ैर घर शान्त था। बिस्तर के ऊपर जानीन को भेंट में दिया रज़ा का चित्र लगा था। यह चित्र भी फीका सा दिख रहा था।

घर में मौजूद इस गहरी चुप्पी में मैंने महसूस किया कि जानीन का होना उनके बहुत से कामों में नज़र आता था। वे लगातार काम करती रहती थीं, बात करती रहती थीं। वे किसी भी कमरे में हों वहाँ से भी उनकी बात ज़ारी रहती थी। वे इस कमरे से उस कमरे में आती-जाती रहती और घर-भर में

सक्रियता बनी रहती। उनकी उपस्थिति में घर का केन्द्र लगातार बदलता रहता था। जानीन का काम कभी ख़त्म न होने वाला काम था। इस बीच कब नाश्ता तैयार किया, कब वे सबके साथ बैठ चाय पी रही हैं यह सब अब इस घर में नहीं हो रहा था। एक गहरी उदास ख़ामोशी की परत में से रज़ा की आवाज़ भी कभी-कभी अनजानी लगती शायद रज़ा को भी। वे भी इस अनजान आवाज़ से घबरा कर चुप रहा करते। इस घर में आलोकित कमरा सिर्फ़ रज़ा का स्टूडियो था। घर की बाक़ी जगहें स्थगित-सी चुप हैं। जानीन अपने साथ घर भी ले गयीं।

रज़ा ने पिछली बार की तरह मुझे हर बात-जगह बतायी मानों मैं पहली बार उनके घर आ रहा हूँ। उनके संग्रह के सारे चित्र भी दिखाये और मेरी रुकने की जगह भी। वह कमरा भी और पलंग भी जिस पर इस बार दूसरी चादर बिछी थी। गुजरात की रबारी जनजाति द्वारा बनायी हुई। रज़ा की चाल में फ़र्क़ आ गया था। ये चाल विश्वास भरी न थी। उनके भटके क़दम मुझे छोड़ कर चले गये। बारह बजे मिलना तय हुआ। बारह बजे मैं पहुँचा। वे काम कर रहे थे। एक बड़ा-सा कैनवास लगा हुआ था। शान्ति-बिन्दु बन रहा था। (रज़ा ने यह शीर्षक बाद में दिया) इन दिनों रज़ा की रंग-पैलेट पर सफ़ेद रंग का आधिक्य था। वे एक प्रदर्शनी भी कर चुके थे, जिसमें लगभग सभी चित्र उनकी रंग-प्रसिद्धि के ख़िलाफ़ सिर्फ़ सफ़ेद रंगों के थे। यह कहना ग़लत होगा कि रज़ा के जीवन में अध्यात्म का अधिकार हो चुका है। वे इन सफ़ेद रंगों के प्रति आकर्षित पहले से थे और बीच-बीच में इसका प्रमाण उनके चित्र देते भी रहे। रज़ा के साथ सबसे बड़ी ख़ूबसूरती यह है कि वे रंगों के प्रति अतिरिक्त चौकन्ने हैं। उनके अनेक चित्रों में सफ़ेद रंग की बुनियादी उपस्थिति हम देखते हैं। वे सफ़ेद रंग को रंग की तरह बरतते हैं। यह समझ बहुत कम चित्रकारों में दिखायी देती है। जयश्री चक्रवर्ती दूसरी चित्रकार हैं जो सफ़ेद रंग को रंग की तरह लगाने की क्षमता रखती हैं। उनके लगाये हुए सफ़ेद रंग में उसका भाव भी दिखायी देता है। अक्सर लगाया हुआ सफ़ेद रंग की तरह नहीं दिखता। बल्कि छूटे हुए काग़ज़ या कैनवास की तरह दिखता है। रज़ा के लिए सभी रंग सावधान हैं और उनका उपयोग उन्हें जीवन्त कर देता है। बहुत पहले रज़ा ने अपने एक साक्षात्कार में कहा था :

> मैं चाहता हूँ कि मैं सफ़ेद रंग में कुछ चित्रित करूँ, जिसमें हीरे जैसी चमक, चन्द्रमा की पवित्रता हो, जो कि प्रकृति में एक रसिक के जीवन के प्रति प्रेम को प्रदर्शित करे, और इस सीमा तक चले जायें कि उसकी आख़िरी सबसे बड़ी अभिलाषा अनिवार्य रूप से आध्यात्मिक हो, जो कि मेरी दृष्टि में सबसे बड़ी मानवीय महत्त्वाकांक्षा हो सकती है।

रज़ा अपनी सबसे बड़ी महत्त्वाकांक्षा चित्रित कर रहे हैं? उनके सफ़ेद रंगों के चित्र भी अन्य रंगों की आभा लिए होते हैं। रज़ा की सोच ही ऐसी है जिसमें रंग समाये हैं। वे सफ़ेद भी लगायें और लाल की प्रतिभा का अहसास न हो यह सम्भव नहीं है और इसी तरह लाल लगायें और सफ़ेद की शान्त उपस्थिति न महसूस हो यह भी नहीं हो सकता। मैं रज़ा को काम करते हुए देख रहा था। रज़ा तल्लीन थे चित्र बनाने में। उनका ध्यान गहरा था, उनकी क्रियाएँ लयबद्ध हैं। वे मानों कोई संगीत रचना के कंडक्टर हों, जिनके इशारे पर बाक़ी सब रच रहे हैं। रज़ा को काम करते देखना भी अनुभव है। मैंने हुसेन, स्वामीनाथन, अम्बादास, हिम्मत शाह, तैयब मेहता, अकबर पदमसी, मंजीत बावा, अमिताव दास आदि कलाकारों को काम के एकान्त में देखा है। जिसमें रज़ा का अनुभव उनमें बेहद अलग है। हुसेन का लापरवाह रहते हुए एकाग्र होना किसी को भी प्रभावित कर सकता है। रज़ा अपने ब्रश चुनने को लेकर भी सजग हैं, हुसेन के लिए कोई भी ब्रश काम आ सकता है। रज़ा को वही ब्रश चाहिए। रज़ा की एकाग्रता में गम्भीरता है और हुसेन कभी कहीं भी एकाग्र हो सकते हैं। एक बात जो मुझे इन दोनों के काम-व्यवहार से समझ आयी कि इनके लिए चित्रकार होना उनकी आत्म-छवि है। आज-कल के चित्रकार बड़े गर्व से यह कहते हैं कि पिछले छह महीनों से पेंट करने का मूड नहीं बन रहा इसलिए चित्र नहीं बना रहा हूँ। उसका मूड सिनेमा जाने, पिकनिक मनाने, पार्टी करने का चौबीसों घण्टे रहता। बस चित्र बनाने का काम उसे नहीं करना होता है। बहुत से चित्रकारों की आत्म-छवि चित्रकार की न होकर किसी की भी होती है और यही उनके मूड को संचालित करती है। इसमें अवसाद इसलिए भी जल्दी घेर लेता है कि वे चित्र नहीं बना रहे होते हैं और यश चित्रकार का चाहने लगते हैं।

रूडी वान लेडन ने रज़ा के रंगों को बारीक़ी से देखा है। वे लिखते हैं :

रंग की सीमित समझ और रंग द्वारा सर्जित स्पेस के परिसीमित दायरों को तोड़कर सम्पूर्ण अनुभूति के व्यापक क्षेत्र में प्रवेश कर गया। इस रूपान्तरण ने ऐसे प्रबल भावावेग की रचना की कि उसकी सबसे अच्छी व्याख्या करते हुए रज़ा के सृजन-विकास के इस काल-खण्ड को प्रेमी का काल-खण्ड कहा जा सकता है। रंगों को बरतने का यह उल्लसित रंग-व्यवहार, यह रंग-लेप भी जीना, प्रेम के मात्र एक विधान के रूप में ही समझा जा सकता है। उनके रंग समग्र रूप से अर्थ छटा की नितान्त नयी रंगत ले लेते हैं। काले और भूरे, पर्शियन ब्लू के वृहदाकार धूमिल आवेगों के बरक्स चटकीले लाल, पीले वर्ण अलग से दिखायी देते हैं। रंगों के समुद्र में, पिघलती, घुलती-मिलती आकृतियाँ जो किसी तरह भी अव्यवस्थित और द्रवीकृत नहीं है अपितु चित्र के स्पेस के भीतर गतिमान और विकसित होने के आभास देती है।

जब रूडी रंग की सीमित समझ की बात कर रहे हैं तब उनका इशारा रज़ा के पहले के चित्रों की तरफ़ है। रज़ा का फ्रांस पहुँचना और यूरोपीय चित्रकला से साबका होना उनके ऊपर गहरे प्रभाव छोड़ता है। कुछ समय के लिए उनकी रंग-पैलेट पर धूसर और भूरे रंग की भरमार दिखायी देती है। इसे हम उनकी रंग-समझ के इज़ाफ़े का समय कह सकते हैं। रज़ा हिन्दुस्तान से गये थे। यूरोप जहाँ ज़्यादातर समय सूरज की रोशनी नहीं होती है। सर पर बादलों का रंग अवसाद लिए खड़ा रहता है, दृश्य में कोई चमक या सफ़ाई नहीं दिखायी देती है। अक्सर सब कुछ धुँधला दृश्य में घुला होता है, ऐसे में कलाकार की रंग-पसन्द ख़ास तरह के ग्रे और धूसर भूरे से भरी होती है। रज़ा ने भी इन रंगों से सम्बन्ध बनाये और उस दौरान के अनेक दृश्य चित्र में हमें यही रंग देखने को मिलते हैं। रूडी इसी दौर की कलाकृतियों की बात कर रहे हैं। यही रंग-समझ को बढ़ाने वाली एक प्रक्रिया हो सकती है शायद। रज़ा ने कुछ बरस इन्हीं रंगों में काम किया और उनके फ्रेंच-दृश्य-चित्र इन्हीं रंगों में बने हैं। बीच-बीच में रज़ा का रंग-संस्कार जोर मारता भी मिलता है जहाँ रज़ा अपनी पुरानी रंग-पैलेट का इस्तेमाल करते दिखते हैं। वैन गॉग के शुरुआती चित्रों में भी इन्हीं डल ग्रे, धूसर भूरे रंग का बोलबाला दिखायी देता है। वह भी चमकदार नीले और उल्लसित पीले की तरफ़ बाद में ही आता है। यह कोई आम प्रक्रिया नहीं है जिसका पालन कर कोई भी रंग-प्रयोग सीख सकता है। यह संयोग है जो दो चित्रकारों के जीवन में घटा। सभी चित्रकार

के लिए रंग-समझ नितान्त व्यक्तिगत मामला है। कई चित्रकार मरने तक रंग नहीं लगा पाते। और कई रंग से डरते हुए सुरक्षित रंग-प्रयोग से चित्र बनाते रहते हैं। उनकी पैलेट के रंग जीवन भर वही रहते हैं जिसे वे अभिव्यक्ति की आज़ादी के नाम पर चढ़ाये रखते हैं।

रज़ा के लिए सफ़ेद रंग भारतीय रंग-विधान से आता है। उसमें सफ़ेद रंग सात्विक रंग है। जो सम्भवत: ऑफ-वाइट (off-White) की तरह होगा। यह मनुष्य की सात्विक प्रवृत्ति का द्योतक है। सफ़ेद रंग का कोई वर्ण नहीं होता। यह अकेला रंग है जिसकी रंगतें पाने के लिए दूसरा रंग मिलाना होता है। रज़ा के ये चित्र सफ़ेद के साथ मिलाये गये काले, नीले, पीले की रंगत लिए हुए हैं। इनमें सफ़ेद ढूँढ़ना ग़लती होगी। सफ़ेद कहीं नहीं दिखेगा किन्तु उसका अहसास सात्विक है। रज़ा का आधिपत्य सभी रंगों पर समान है। उनके रंग उजास लिए हुए दर्शक से बात करते हैं, वे अपने उजाले से आलोकित हैं। उस आलोक में सभी रंग आलोकित हो जाते हैं। रज़ा के रंग उदास नहीं होते, न करते हैं। वे प्रफुल्लित हैं, उनसे निकली आभा दर्शक को चकित करती है, अपने आगोश में ले लेती है। रज़ा के रंग उत्सव के रंग हैं।

रज़ा ने काम ख़त्म किया। वे पलटे, मुझे सोफ़ा पर बैठे देखा और हल्के से पूछा कैसा है? मैंने बतलाया सफ़ेद की सात्विकता का आभास। रज़ा मुस्कुराये और बोले :

> कोशिश है कि रंग समझ कर लगाऊँ। उनका संवाद होना चाहिए। रंग एक दूसरे के पूरक हैं। उनका संवाद उस बालक की तरह है जो दुनिया में पैदा हो गया है और चलना सीखे, बोलना, देखना सीखे और आश्चर्य से इस दुनिया को देखे। वह बात करता है समझने के लिए, वह दूसरे को जानना चाहता है। दूसरा उसे बतलाना चाहता है, यहाँ संवाद होता है, बच्चा अपना स्वभाव पाता है, पसन्द, ना-पसन्द करता है। चलो कुछ खाना हो जाये।

हम दोनों रसोई घर में आये। उनकी काम करने वाली महिला तीन दिन का खाना बना कर फ्रिज़ में रख गयी थी। आज दूसरा दिन है। रज़ा के लिए खाना खाना एक उबाऊ प्रक्रिया है ऐसा लगा। उन्होंने दो प्लेट में कुछ खाना निकाला और हम दोनों खाने की मेज़ पर बैठे। खाना जितना बे स्वाद सोचा था उससे ज़्यादा ख़राब और ठण्डा था। रज़ा खाने से निरपेक्ष खाना खा

रहे थे। मेरे लिए मुश्किल था। रज़ा भाँप गये यह मुश्किल और बोले शाम को रेस्तराँ चलेंगे। खाना खाकर रज़ा थोड़ा आराम करते हैं। मैं पेरिस घूमने चला गया। लूव्र खुल गया था। एक लम्बी कतार लगी थी। मैं भी उस कतार में शामिल हो गया और टिकिट लेकर अन्दर जब पहुँचा उसकी विशालता देख मुझे लगा कि शायद ही मोनालिसा देखने मिले। किन्तु वहाँ संकेत लगे हुए थे मोनालिसा किस तरफ़ है। ज़्यादातर लोग उसी तरफ़ जा रहे थे। मैं विशाल मूर्त्ति-शिल्प देखते हुए उसी तरफ़ बढ़ रहा था। कुछ ही समय बाद मैं मोनालिसा के सामने था। यह अद्वितीय कलाकृति सामने थी जिसे पिछली यात्रा में नहीं देख सका था और उसका वैभव उन दर्शकों में फैला हुआ था जो उसे घेरे खड़े थे। दुनिया भर के दर्शक वहाँ थे। देखना मुश्किल था। पास जाना और मुश्किल। मैंने वहीं से देखा और दुबारा आने का संकल्प कर उस पर से ध्यान हटा कर अच्छा-ख़ासा समय लूव्र में बिताया। शाम को मैं जब घर पहुँचा रज़ा साहब ने दो कप चाय बनायी हुई थी। वे अपनी चाय पी रहे थे और मेरा कप भरा रखा हुआ था। वे बोले, मैंने सोचा आप लौटकर आयेंगे और चाय पीना चाहेंगे तो मैंने बना ली है। मोनालिसा देखी? उन्हें पता था मैं लूव्र जाऊँगा। मैंने बताया क्या-क्या हुआ और चाय पीकर हमलोग स्टूडियो में पहुँचे। रज़ा का चित्र वहीं रुका हुआ था। रज़ा ने चित्र को देख हाथ जोड़ प्रणाम किया और जा पहुँचे अपनी जगह पर। मैं सोफ़ा पर बैठ उन्हें देखते हुए कुछ और भी देखता रहा। वहाँ कई पुस्तकें रखी थीं। कविता—हिन्दी और फ्रेंच। कुछ कैटलॉग कुछ ब्रोशर। धीरे-धीरे चित्र का विस्तार हो रहा था। रज़ा लगन और एकाग्रता से चित्र बनाने में मशगूल थे। मुझे अशोक जी का लिखा रज़ा स्टूडियो का वर्णन ध्यान आया :

> रज़ा के स्टूडियो का वर्णन करना कठिन है। फ़र्श के एक हिस्से पर रंग के ट्यूबों, ब्रशों, कपों, कई तरह के औज़ारों के अलावा ईज़ल पर कई आकार के सफ़ेद कैनवास, फिर पुस्तकों के रैक्स-कला, हिन्दी और फ्रेंच कविता की पुस्तकें, कैटलॉग, पत्रिकाओं का ढेर, चिट्ठियाँ, पाम्पेदू सेन्टर, मैक्ट फ़ाउण्डेशन आदि के निमन्त्रण-पत्र, एक कामकाजी मेज़ जिस पर कई घड़ियाँ हैं जिनमें से एक हमेशा भारत का समय दिखाती है। एक शिवलिंग, कुछ जैन लघु चित्र, एक शंख, महात्मा गाँधी का एक चित्र, एक शालिग्राम, काँसे के कई गणेश, किसी देवी की काष्ठ मूर्त्ति (सदियों पुरानी दीवार पर), पाब्लो

पिकासो का एक स्केच, कोने में एक छोटा-सा मन्दिर, दीवारों पे कुछ पोस्टर, कबीर, तुकाराम, अज्ञेय, शमशेर बहादुर सिंह, मुक्तिबोध, ग़ालिब, इक़बाल, सूरदास, महादेवी, मज़ाज़, रिल्के, रेम्बों आदि के कविता संग्रह आदि। मेज़ पर एक फ़ोन, बग़ल की छोटी मेज़ पर एक फ़ैक्स मशीन।

वर्षों तक यह स्टूडियो ऐसा ही रहा। सिर्फ़ बदलने वाली बात ईज़ल पर लगे चित्र होते थे। बन जाने पर कुछ दिन वे पीछे की दीवार से टिके रखे रहते और एक दिन चले जाते। रज़ा का लगातार चित्र बनाना उन्हें प्रेरित करता रहता था। वे जानीन का ग़म भी इन्हीं रंगों में घोलने की कोशिश करते और लगातार असफल हो रहे थे। शाम को उन्होंने अपना काम ख़त्म किया और उन्होंने बढ़िया स्कॉच निकाली। उसके साथ के लिए उन्होंने हिन्दुस्तान से लाया हुआ नमकीन भी प्लेट में निकाला। यह उनके लिए कोई मित्र लेकर आया था। मैंने देखा इन दिनों उनकी शाम रसरंजन के अतिरेक में बीतने लगी है। उन्हें डॉक्टर ने भी मना किया हुआ था। और वे वर्टिगो की दवाई भी लम्बे समय से ले रहे थे। किन्तु उन्हें समझाना मुश्किल था। उन्हें याद था शाम को खाना खाने बाहर जाने का। और उस शाम हम उनके घर के नीचे वाली फ्रेंच रेस्तराँ में गये। खाना लज़ीज़ था साथ में रेड वाइन।

अगले कुछ दिनों में हम दक्षिणी फ्रांस में रज़ा के गर्मियों वाले घर जाने की तैयारियों में व्यस्त रहे। पेरिस में सुजाता बजाज, युवा चित्रकार अपने पति रुने और बिटिया हेलेना के साथ रज़ा के घर आया करती थीं। उन्होंने बड़ी मदद की रज़ा को ट्रेन के टिकिट बुक कराने और यात्रा की तैयारियों को पूरी करने में। उनसे ही पेरिस की कई जगहों के बारे में मालूमात भी हुआ, जहाँ ज़रूरत की चीज़ें मिलती हैं जिसकी सख़्त ज़रूरत अचानक रज़ा को महसूस होती थी और उसे लेने उन्हें जाना होता था। धीरे-धीरे मुझे लगने लगा रज़ा पेरिस में नितान्त अकेले हैं। वे घबरा जाते थे जब कोई टैक्स का नोटिस आ जाता या पानी-बिजली का बिल, इनकम-टैक्स भरने के वक़्त उन्हें उसकी सामान्य प्रक्रियाएँ कठिन और न समझने वाली लगतीं। वे झुँझला जाते, खीजने लगते। कभी-कभी टैक्स लॉयर पर चिल्ला उठते। उन्हें समझाना मुश्किल हो जाता। वे सब काम छोड़कर बिस्तर पर जा लेटते और जानीन को याद करने लगते। अभी तक यह सारा काम जानीन करती आयी थीं और रज़ा को पता भी न

था पेरिस में जीने के लिए अन्य सरकारी नियम, कायदे-क़ानून, जो सख़्त भी थे और समय पर पूरे किये जाने होते थे। ऐसे समय में सुजाता ही काम आती और आगे बढ़कर सुविधानुसार रज़ा को समझाती। तब जाकर एक दिन का काम कई दिन में पूरा होता। जानीन रज़ा की दूसरी पत्नी थीं। उनकी पहली पत्नी से निकाह दमोह में ही हुआ था और विभाजन के वक़्त वे रज़ा के साथ बम्बई में रहा करती थीं। कल्याण में रज़ा के पास किराये का एक बड़ा-सा घर था जिसमें रज़ा, उनकी पत्नी और माँ साथ रहा करते थे। रज़ा हफ़्ते में दो बार बम्बई जाया करते। बाक़ी समय वे यहीं रहकर चित्र बनाया करते थे। उनकी पत्नी अक्सर बीमार रहती थीं और विभाजन के वक़्त उनके पिता और परिवार के अन्य सदस्य पाकिस्तान चले गये। यह भी उनके लिए कष्टप्रद था। उनकी पत्नी भी दो साल बाद, सम्भवत: रज़ा की माँ की मृत्यु के बाद, अपने पिता के पास पाकिस्तान चली गयीं। उसके अगले वर्ष ही रज़ा पेरिस आ गये और तलाक़ लेने तक लगातार अपनी पत्नी के सम्पर्क में रहे।

रज़ा के लिए स्टूडियो का एकान्त एकमात्र जगह थी जहाँ वे सुरक्षित महसूस करते। रंगों के बीच। कैनवास की सतह पर।

जानीन से रज़ा की मुलाक़ात इकोल द'बोज़ार में ही हुई थी और वे उन दिनों प्रिंट मेकिंग की पढ़ाई कर रही थीं। यहीं उनकी दोस्ती गहरी हुई और इन छात्र-छात्राओं का समूह छुट्टियों में फ्रांस के सुदूर अँचलों में घूमने जाया करता था। रज़ा को दृश्य-चित्रण के लिए अनेक नयी-नयी जगह जाने को मिलता था और इस तरह फ्रांस को जानने का भी। इन्हीं यात्राओं में पहली बार गोर्बियो जाना भी हुआ और वहाँ जानीन के माता-पिता से मिलना भी। गोर्बियो में जानीन के परिवार की पुश्तैनी क़ब्र भी है यह रज़ा को उसी यात्रा में मालूम हुआ। जानीन ख़ुद बहुत मेहनती और प्रतिभाशाली कलाकार थीं। उन्होंने बरसों प्रिंट बनाये फिर उनका झुकाव मूर्तिशिल्प की तरफ़ हुआ। उन्होंने कई शिल्प बनाये जिसे बनाने के लिए पारम्परिक सामग्री का इस्तेमाल नहीं करती थीं। अनेक शिल्प फॉउन्ड-ऑब्जेक्ट्स के थे और कई बार वे त्रिआयामी न होते हुए चित्र की तरह दोआयामी हुआ करते थे। बाद के दिनों में वे कोलाज

करती थीं जिसमें वे चाय की थैलियों (Sachet) का इस्तेमाल करती थीं। उनकी इन कलाकृतियों को बहुत पसन्द किया जाता था। उनके इस कोलाज से प्रभावित होकर रज़ा के अनन्य मित्र बाल छाबड़ा की पत्नी जीत छाबड़ा ने भी कोलाज करना शुरू किया और कुछ बहुत ही सुन्दर कोलाज बनाये। इन कलाकृतियों की कई प्रदर्शनी जानीन ने की और वे पेरिस के कलाकारों के बीच चर्चित कलाकार रहीं। जानीन एक ऐसी कलाकार हैं जो अपनी धुन की पक्की और आसानी से समझौता न करने वाली थीं। वे अपनी ज़िद में किसी भी हद तक जा सकती थीं और अन्त में उन्हीं को सफलता मिलती थी। उन्हें चित्रकला के नये माध्यम आकर्षित करते रहे और उनमें यह क्षमता थी कि वे इन माध्यमों से जल्दी ही अपना सम्बन्ध बना लेती। उन्हें भारतीय खाने और पहनावे से बहुत प्रेम था। वे ख़ुद कई तरह का खाना बनाना जानती थीं और ऐसा भी न था कि उनकी मर्ज़ी के बग़ैर घर में कोई काम हो जाये। रज़ा उनका बहुत ख़्याल रखते रहे और अक्सर उन दोनों के बीच ज़िद और मनाने के दिलचस्प वाकये हुआ करते थे। रज़ा के लिए जानीन ही सब कुछ थीं। और जानीन रज़ा से अज्ञेय की वह कविता 'हँसती रहना' समय-समय पर सुना करतीं। रज़ा का पेरिस जानीन तक था और जानीन इस बात को जानती थीं। रज़ा की रुचि भी नहीं थी स्टूडियो से बाहर की दुनिया में। शायद ही कभी वे फ़िल्म देखने की इच्छा रखे हों। शायद ही कभी उन्हें बाहर के किसी कार्यक्रम में रुचि हुई हो। वे करते थे ये सब किन्तु उनकी मर्ज़ी से नहीं। जानीन के लिए। जानीन बेहद संवेदनशील कलाकार थीं। उनकी कलाकृतियों में वे हमेशा नये माध्यम के सहारे अपनी अभिव्यक्ति को पाने का प्रयास करतीं और वे अपनी कलाकृतियों से निरपेक्ष भी रहा करतीं। उन्हें काम करते देखना भी अपने में अनुभव है। वे तल्लीनता से अपने काम में मग्न अनेक तरह की चीज़ों से घिरी रहती थीं। उनका यह 'कबाड़', रज़ा मज़ाक़ में उस सामग्री को कबाड़ कहा करते थे, चारों तरफ़ बिखरा होता था और कब कौन-सी चीज़ कहाँ लगेगी इसका अनुमान लगाना कठिन होता था। जानीन को काम करते वक़्त तेज़ संगीत सुनना पसन्द था। संगीत लहरियों में डूबी उस कबाड़ से करिश्मा ढूँढ़ निकालने का काम वे सहज ही कर लिया करतीं और उनकी कलाकृति आख़िर तक पूरी नहीं होती थी। वे प्रदर्शनी में लगी कलाकृति में भी कभी कुछ जोड़ सकती हैं इसकी सम्भावना खुली रहती। उनके लिए चित्र

बनाना और एक दुर्लभ खाने की नयी रेसेपी को आज़माना समान चुनौती और आनन्द का विषय था। वे ख़ुद रुचि का पर्याय थीं। उनके घर में कोई ऐसी वस्तु नहीं दिख सकती जिसे लेने के पहले उन्होंने सोच-विचार न किया हो। सादगी और सुरुचि जानीन को प्रिय थे। अब जानीन नहीं थीं रज़ा के लिए हर बात एक मुश्किल थी। घर में रज़ा ने अपने सोने के बिस्तर के ठीक ऊपर वह छोटा-सा चित्र टाँग रखा था जो उन्होंने जानीन को उन दिनों भेंट किया था जब वे दोनों प्रेम में थे। इसका महत्त्व दोनों के लिए बराबर था। यह ख़ूबसूरत चित्र था और रज़ा के पेरिस में आने और भारतीय स्मृतियाँ न छूटने की याद दिलाता चित्र था। रज़ा और जानीन दोनों को यह चित्र पसन्द था। रज़ा रोज जब सोने जाते उस चित्र को देखते और जानीन की स्मृति को प्रणाम करते थे। यह वो चित्र था बाद में जिसे एक कला संग्राहक चुरा ले गया। रज़ा की जगह कोई और होता तो इस बात का बतंगड़ बना देता मगर रज़ा ने मुझसे सिर्फ़ इतना कहा कि क्या कोई पेंटिंग चुरा सकता है?

गोर्बियो एक बहुत ही सुन्दर छोटा-सा गाँव है दक्षिणी फ्रांस की पहाड़ियों पर बसा। इस गाँव में एक गिरिजा घर, एक रेस्तराँ, कुछ दुकानें और बहुत ही कम लोग रहते हैं। यहाँ रज़ा ने पहले शातो (क़िले) का एक हिस्सा ख़रीदा हुआ था जहाँ उनका स्टूडियो और छोटा-सा घर था। उसका दूसरा हिस्सा ख़रीद कर उसे बढ़ाने के विचार उन्होंने उम्र के तकाजे के कारण त्याग दिया। रज़ा और जानीन जब यहाँ चार महीनों के लिए आते थे तब ऊपर तक सामान के साथ चढ़कर जाना सम्भव था। धीरे-धीरे यह मुश्किल काम होने लगा। सो रज़ा ने गोर्बियों की सीमा के बाहर अपना नया स्टूडियो बनाया। जो सड़क से लगा हुआ है। उनका यह स्टूडियो-घर उन्होंने बहुत प्रेम और सावधानी से बनाया, जिसमें ज़रूरत की सभी चीज़ें मौजूद थीं। ऊपर स्टूडियो था जिसके सामने बड़ा-सा बरामदा और कुछ सीढ़ियाँ उतर कर एक बड़ा बग़ीचा, नीचे उनका घर जो एक कमरे और बड़े से आँगन का था। घर से लगी एक ढलान है जो नीचे बह रही जलधारा तक जाती है। यह कोई नदी न थी। बस पहाड़ों से आता पानी था। जो एक छोटी-सी जलधारा में बदल गया था। रज़ा के लिए यह जगह उनके मण्डला के एकान्त के नज़दीक थी। एक तरफ़ से उनका

घर जंगलों के बीच नज़र आता है दूसरे वह सड़क से लगा हुआ था। रज़ा पेरिस से मांतों तक रेल से आते और यहाँ कार से। रज़ा के लिए यहाँ आना कुछ-कुछ भारी भरकम सामान के साथ आना है जिसे चार सूटकेस में भर कर लाया जाता रहा। बाद में कुछ किफ़ायत बरतना शुरू हुआ किन्तु रज़ा के लिए यह समझ पाना मुश्किल होता था कि यहाँ वह सब मिल सकता है जो पेरिस में मिलता है। वे अपनी ज़रूरत का हर सामान जो कि ज़्यादातर चित्र बनाने के लिए ही होता था साथ ले जाते थे और ख़त्म होने पर मांतों में एक दुकान से ख़रीदा करते। यहाँ के लोगों के लिए रज़ा महत्त्वपूर्ण व्यक्ति थे और जानीन की सबसे दोस्ती थी। जब मौसम ज़्यादा ख़राब होता, जिसमें बर्फ़ गिरना भी शामिल है, तब रज़ा और जानीन मांतों के अपने दो कमरों के फ़्लैट में चले जाते थे। यह दो कमरों का फ़्लैट एक दस मंज़िला इमारत में था। सभी आधुनिक सुविधाओं से युक्त। जिसमें सबसे महत्त्वपूर्ण था सेंट्रल हीटिंग सिस्टम का होना।

रज़ा के साथ जब हम लोग यहाँ पहुँचे तब कुछ दिन घर में ठीक-ठाक होने में लगे और जैसे ही सब कुछ सामान्य हुआ हम लोग मांतों से लगी सीमा पार इटली के पौधे की नर्सरी में गये और रज़ा ने वहाँ से तुलसी का पौधा ख़रीदा, कुछ फूलों के पौधे जिन्हें उनका माली आकर दूसरे दिन बग़ीचे में लगा गया। रज़ा ने बतलाया, हर साल तुलसी का पौधा लाना पड़ता है, यहाँ की ठण्ड में सारा बग़ीचा बर्बाद हो जाता है। उनके घर के बग़ीचे में वह तुलसी का पौधा कुछ ही दिनों में अपनी जड़ें पकड़ चुका था। दूसरे फूलों के पौधे भी थे।

रज़ा सुबह से चित्र बनाना शुरू करते और दुपहर के खाने तक वे काम करते। दिनचर्या ही थी। रविवार को सुबह चर्च जाते। लौटते में जानीन की क़ब्र पर ताज़े फूल रखने जाते। नियमित होने में रज़ा की तुलना किसी कलाकार से नहीं की जा सकती। शाम को जानीन की याद और अवसाद भी नियमित था। रज़ा का संघर्ष ख़ुद से था। वे ख़ुद को सम्भालने की चेष्टा लगातार कर रहे थे और उनका ध्यान सिर्फ़ चित्र बनाते वक़्त ही एकाग्र होता। बाक़ी समय भटका रहता। उसी दौरान शाम के रसरंजन में मैंने उन्हें महाभारत और रामायण की क्षेपक कथाएँ सुनाना शुरू किया और यह वो जगह थी जहाँ रज़ा की रुचि मुझे दिखायी दी। उन्हें इसमें आनन्द आने लगा और वे कथा में से

कथा निकलती देख और देवताओं का मानवीय स्वभाव सुन कर चकित होते और उसकी प्रशंसा भी करते। कार्तिकेय और गणेश के जन्म की कथाओं में, दुर्योधन के बदला लेने के संकल्प में, भस्मासुर, हिरण्याकश्यप ऐसी अनेक कथाओं के लिए वे उत्सुक रहने लगे। शाम होते ही वे अपना काम बन्द करते और मैं जहाँ काम करता था (उन्होंने ज़िद करके एक जगह जो बग़ीचे से जुड़ी और समर किचन हो सकती थी वहाँ मेरा स्टूडियो बना लिया था, वे अपना काम करते और मैं अपना) वहाँ आकर पूछते आज कौन-सी कथा सुनाओगे। उनका ध्यान जानीन से हटने लगा था और कई बार कथाएँ इतनी लम्बी हो जाती कि हम अपना खाना ख़त्म कर लेते। रज़ा बिस्तर पर लेट जाते और कथा सुनते-सुनते सो जाते। इससे एक फ़ायदा और हो रहा था उनका ध्यान रसरंजन के अतिरेक से अधिक इन कथाओं में रहने लगा। वे ख़ुश रहने लगे। थोड़ा ध्यान दूसरी तरफ़ भी लगने लगा। उनका हास्य-बोध जाग्रत होने लगा। सुबह-सुबह वो पूछ सकते थे कीचक वध के बारे में या कि युधिष्ठिर से पूछे गये सात सवाल।

रज़ा के साथ इन दिनों मैं चित्र बनाने के अलावा आस-पास के संग्रहालय देखने जाया करता। मातीस का घर या फ़ॉउण्डेशन मैक्ट। नीस का MAMAC, आधुनिक कला संग्रहालय, मोनाको और एक्स ऑ'प्रोवांस का संग्रहालय, शागाल का घर जो अब संग्रहालय है। और ऐसी अनेक जगह जहाँ सप्ताहान्त के लिए जाया करते। इन्हीं दिनों मोनाको में एक प्रदर्शनी देखी जो पुरावशेष प्रदर्शनी थी, जिसमें कई देश शामिल थे। उसमें सिर्फ़ दो देश भारत और चीन ऐसे थे जहाँ की कुछ वस्तुएँ और मूर्त्तियाँ छठी शताब्दी से लेकर ग्यारहवीं शताब्दी की थीं। इसमें सबसे दिलचस्प अमेरिकन पण्डाल था जहाँ सत्तर के दशक का टेलीफ़ोन, टेबल, तौलिया, तमंचा, आईना, स्कार्फ़ आदि उत्तर-आधुनिक वस्तुएँ पुरावशेष की तरह प्रदर्शित थीं। जो अभी ठीक से पुराने भी नहीं हुए थे। उनकी चमक ऐसी थी मानो फ़ैक्ट्री से बन कर आ रहे हों। आंतीब में पिकासो का संग्रहालय रज़ा बहुत उत्साह और स्नेह से ले गये। यह संग्रहालय अब पिकासो के नाम कर दिया गया है। इसके पीछे की कहानी यह है कि यह क़िला बिकने की घोषणा हुई तब सिर्फ़ दो लोगों ने ख़रीदने की इच्छा दिखलाई। एक पिकासो दूसरा आंतीब का नगर-निगम और ज़ाहिर है यह क़िला उन्हें मिल गया। जब मेयर को पता लगा दूसरा ख़रीददार पिकासो है

तो उन्होंने पिकासो के लिए यह सुविधा रखी कि वे जब चाहे यहाँ आकर रह सकते हैं। पिकासो ने तीन बार इस निमन्त्रण का लाभ उठाया और पहली बार में कुछ म्यूरल तीसरे माले की दीवारों पर बनाये, दूसरी बार बाहर के बग़ीचे के लिए कई मूर्तिशिल्प बनाये तीसरी बार लगभग चालीस छापे बनाये और ये सब संग्रहालय में प्रदर्शित हैं। जब नगर-निगम ने इसे पिकासो संग्रहालय बनाने की घोषणा की तब पिकासो की अन्तिम और अमेरिकन पत्नी ने अनेक चित्र संग्रहालय को भेंट किये। इस तरह यह एक अनोखा पिकासो संग्रहालय बना जहाँ पहले माले पर अन्य कलाकारों के काम प्रदर्शित हैं जो नगर-निगम समय समय पर ख़रीदता रहा है और शेष जगह सिर्फ़ पिकासो के काम। रज़ा के लिए ये यात्राएँ थका देने वाली होती थीं किन्तु उनका उत्साह बच्चों जैसा था। वो मुझे सब कुछ दिखा देना चाहते थे। ये यात्राएँ हर बार मेरे गोर्बियो में होने के सबब से की जाती रहीं। इन जगहों को कई बार देखा और हर बार नया पाया।

रज़ा का काम भी तेज़ी से चल रहा था वे सुबह से शाम तक दुपहर के खाने और आराम को छोड़कर लगातार काम कर रहे थे। उनकी लगन प्रेरित करने योग्य थी। उन्होंने अगले वर्ष मेरी प्रदर्शनी की तैयारी शुरू कर दी। गोर्बियो का मेयर मिशेल इज़्नार थे जो स्वयं चित्रकार थे। उन्हीं से पता चला कि रज़ा के साथ मिलकर उन्होंने एक ग्रुप बनाया था जिसमें कोते दा'ज़ूर के छह-सात कलाकार थे और इस ग्रुप को बनाने की प्रेरणा रज़ा की दी हुई थी जो स्वयं भी एक संस्थापक सदस्य थे। इस ग्रुप का नाम था 'आग' (Asosiation of Artists of Gorbio) इस ग्रुप ने बहुत ज़्यादा प्रदर्शनी नहीं की है और इस इलाक़े में काफ़ी सक्रिय रहा है। इसमें रज़ा के अलावा सभी कलाकार यहीं दक्षिण फ्रांस के थे। रज़ा हर वर्ष चार या पाँच महीने के लिए आते हैं। इस ग्रुप को भी रज़ा ने एक-दो साल बाद छोड़ दिया था। यहीं रज़ा ने नीस की एक कलाकार से परिचय कराया। 'गारिबो,' वे अद्‌भुत काम करती हैं। उनके चित्र सभी काले रंग के हुआ करते हैं और बहुत ही सफ़ाई, सघनता और सुघड़ता से उनके द्वारा ज्यामिति का इस्तेमाल कर काले रंग के अनेक टोन के बीच बहुत बारीक़ से चमकते लाल या पीले या सिर्फ़ सफ़ेद रंग के चौकोर। वे किसी भी दर्शक को अचम्भित करने में सक्षम थे। रज़ा ने उनके कई काम भी ख़रीदे हैं। जब कुछ करने का मन

ना हो तब रज़ा नीस में गारिबो से मिलने dk कार्यक्रम बना डालते और हम लोग एक बेहतरीन शाम गुज़ारते।

पहले साल गोर्बियो के चर्च से लगे प्रेस्बितेयर में जानीन की प्रदर्शनी हुई। 'प्रेस्बितेयर' हर चर्च से लगी एक तरह की सराय हुआ करती थी जहाँ आने-जाने वाले पादरी रुका करते थे। यहाँ के मेयर मिशेल ने इस बन्द पड़ी जगह को एक गैलरी में तब्दील कर दिया था। हर गर्मियों में यहाँ आने वाले पर्यटकों के लिए यह एक नयी शुरुआत थी। इसके निर्माण और सुधार-कार्य के लिए रज़ा ने भी थोड़ा बहुत पैसा दिया था। रज़ा की उदारता के क़िस्से यहाँ मशहूर थे और रज़ा भी इसे अपने गाँव की तरह ही प्रेम करते थे। इसके बाद रज़ा ने रुचि लेकर कई प्रदर्शनियों के लिए प्रस्ताव दिया और वे सब हुईं। इस प्रदर्शनी के बाद एक ग्रुप शो हुआ जिसमें सीमा, योगेन्द्र त्रिपाठी, सुजाता बजाज, मनीष, रज़ा और मैं शामिल थे। इसके बाद रज़ा ने मेयर के महत्वाकांक्षी योजना में रुचि लेना शुरू कर दिया। जिसमें वहाँ के शातो (क़िले) को एक संग्रहालय में बदला जा सके। यह संग्रहालय अगले तीस वर्षों तक रज़ा-मोंजीला संग्रहालय के नाम से जाना जायेगा। शातो के निर्माण-सुधार कार्य, बिजली और ठण्ड में गर्म रखने की व्यवस्था, अलार्म सिस्टम के लिए रज़ा ने दिल खोल कर ख़र्च किया। साल दो साल में यह संग्रहालय बन कर तैयार हुआ और उसका उद्‌घाटन रज़ा और जानीन मोंजीला और रज़ा के संग्रह की भारतीय और फ्रांसीसी कलाकारों की कलाकृतियों से हुआ। ये सभी कलाकृतियाँ रज़ा ने इस संग्रहालय को दान कर दी हैं। यदि आप भी कभी दक्षिणी फ्रांस जा रहे हैं तो ज़रूर यह संग्रहालय देखने जायें और दुपहर वहाँ के एकमात्र रेस्तराँ बों-से-जूर में लज़ीज खाना खायों। अब गोर्बियो में दो जगह हो गयीं जहाँ कलाकृतियाँ प्रदर्शित होती हैं।

यह रज़ा का सरोकार ही था जिसमें यह सम्भव हो सका। कला के प्रति उनकी सजगता और निरन्तरता का विचार उन्हें हमेशा नये कार्यों की ओर ले जाता रहा है। उन्हें युवा कलाकारों से मिलने, उनका काम देखने और उनसे जीवन्त सम्बन्ध रखने की ऊर्जा देता था।

रज़ा का समर्पण

रज़ा बड़ी मुश्किल से अपनी दिनचर्या में लौट रहे थे। उन्हें भी अन्दाज़ा हो गया था कि इन चित्रों में ही शरण है। वे जानीन को भुला देने के लिए नहीं, उसकी याद में चित्र बनाने लगे। उनकी मुश्किल यह नहीं थी कि उन्हें टैक्स-पेपर्स और अन्य नियम क़ानून पता नहीं हैं। उन्हें यह पता चलने लगा कि जानीन ने इस तरह उनके जीवन का कितना समय बचाया। ये नीरस दुनियावी कामकाज उनका बहुत समय ले रहे हैं। इस बात से वे खीज जाते। इस तरह के काम शुरू हों तो एक दिन का समय नहीं, वे हफ़्तों तक चलते रहते। रज़ा स्टूडियो में जाना चाहते हैं और यह काम ख़त्म होने का नाम नहीं लेता। रज़ा, जिन्हें यह अन्दाज़ा भी नहीं था कि पेरिस में सुबह सात बजे अण्डे मिल सकते हैं। या कि दुकानें खुल जाती हैं। या बेकरी के अलावा किसी दूसरी दुकान से भी ब्रेड मिल सकती है। उनका संसार सिमट गया था। स्टूडियो और बैंक, दवाईवाला, चश्में की दुकान, चर्च, चर्च के रास्ते में पड़ने वाली बेकरी, नीचे वाली फ्रेंच रेस्तराँ, ज़्यादा मित्र होने पर पास की लेबनीज़ रेस्तराँ, और अब वे लूव्र नहीं जाते या कि दूसरे किसी भी संग्रहालय किन्तु आपको जाने के लिए हमेशा बोलेंगे। उनका ध्यान अपने चित्रों में रहता और स्टूडियो में ज़्यादा से ज़्यादा समय बिताना चाहते रहे। वे ख़ूब काम कर रहे थे और उनके चित्रों पर अभी भी उनका नियन्त्रण था। वे फ्रांस में रहते थे और उन्होंने यहाँ रहकर बहुत कुछ सीखा। इसके लिए वे हमेशा ऋणी महसूस करते थे। फ्रांस उनके लिए आधुनिक देश था, तरक्की और नये विचारों से भरा। विज्ञान और देकार्त की स्पष्टतावादी सोच से प्रभावित। अन्धविश्वासों

से दूर। अपने एक साक्षात्कार में रज़ा कहते हैं :

> मैं इसे यों कहूँगा कि कला की बुनियादी समस्याओं और विशेषतः अपने काम के सन्दर्भ में मेरी जो समझ बनी है उसमें पेरिस की बड़ी भूमिका है। फ्रांस में मेरे प्रवास ने मुझे बहुत कुछ दिया है और अगर मैं अमरीका या लन्दन में रहा होता तो कहानी दूसरी होती। मुझे पेरिस में रहना था, यह काफ़ी सोच-विचार कर तय हुआ था। यहाँ बहुत ऊँचे दर्जे के उदाहरण थे, जिन्होंने यह महत्त्वाकांक्षा दी कि हम ऐसे प्रतिमानों पर पहुँच सकते हैं जो दुनिया में कहीं भी सबसे ऊँचे हों। पर यह सिर्फ़ सोचने भर से नहीं हो सकता, आपको क्षमता के एक स्तर पर पहुँचना होगा। भरतनाट्यम नाचना या हिन्दी कविता लिखना आसान नहीं है जब तक कि आपको उनकी भाषा बहुत अच्छी तरह से न आती हो। फ्रांस में मेरे रहने में मदद की, न सिर्फ़ यह देखने में मदद की कि निकोला द स्टाल, मोन्द्रियन या सूलाज के चित्रों में श्रेष्ठ क्या है बल्कि अपनी सम्भावनाएँ विकसित करने, अपने तकनीकी कौशल का विकास करने और उस भाषा पर अधिकार करने में भी, जो मेरी चित्र भाषा है। मैं अपना बचपन और जवानी नहीं भूलता और न ही उन सबको जो मैंने यहाँ पाये—रंग, रेखा, आकृति, स्पेस आदि की प्रारम्भिक समस्याओं को लेकर। फ्रांस एक ऐसा देश है जिसमें अनुपात का बोध असाधारण है: इमारतों में, कला में, साहित्य में, और ज़िन्दगी में। वह कला और चित्रकला में बहुत महत्त्वपूर्ण है। अगर मैं इस सुयोग तक नहीं आता तो मैंने 'तमशून्य' या 'बिन्दुनाद' जैसे चित्र न बनाये होते, विकीर्ण होते काले रंग में। मुझे काले के महत्त्व का अहसास हुआ। मैं उसे भारतीय चिन्तन से जोड़ता हूँ। मुझे लगता है कि काला रंग मातृरंग है, वह रंगों की जननी है। वह विकिरण है और यह सम्भव है, मैं यहाँ चित्र बनाऊँ या भारत में, इस बोध का उद्गम फ्रांस में है जिसे मैं नहीं भूलता।

रज़ा में कृतज्ञता का गहरा भाव हमेशा मौजूद रहा। वे अपने गुरु के प्रति और उन सब कलाकारों, प्रसंगों, घटनाओं के प्रति हमेशा कृतज्ञ रहे हैं जिनसे उन्हें कुछ सीखने को मिला। फ्रांस को लेकर रज़ा हमेशा कृतज्ञ रहे हैं। इस कृतज्ञता में वह कई चीज़ें नज़रअन्दाज़ कर देते हैं।

मनुष्य का स्वभाव ही ऐसा है कि वह सभी प्रपंचों को जीवन में घसीट लाता है। रज़ा के जीवन में यह सम्भव नहीं था कि अपनी चित्रकला सम्बन्धी मुश्किलों से बाहर इस तरह के लोकाचार, अन्धविश्वास, भूत-प्रेत, टोना-टोटका पर ध्यान

दें। फ्रांस रज़ा के लिए आधुनिक देश था, विज्ञान और तार्किकता पर टिका। यहाँ कुछ भी ऐसा नहीं है जो इन कसौटी पर खरा न उतरता हो। इसलिए जब मैंने पेरिस में मौजूद एक ऐसे ही अन्धविश्वास के बारे में उन्हें बतलाया तो वे विश्वास न कर सके। उनके लिए फ्रांस वैज्ञानिक चेतना वाला देश है जिसमें इस तरह के अन्धविश्वास और अतार्किक बातों की कोई जगह नहीं है। फिर मैंने एक दिन लूव्र के सामने वाले पैदल पार-पुल पर लगे हज़ारों ताले वाला फ़ोटो दिखाया और बतलाया कि फ्रांस के युवा शादी-शुदा जोड़े अपनी शादी के बाद यहाँ आकर इस पुल पर अपने नाम का ताला लगाकर उसकी चाबी सेन नदी में डाल देते हैं जिसके पीछे उनका अन्धविश्वास यह है कि जब तक ताला लगा रहेगा उनकी शादी टूटेगी नहीं (उन्होंने हँसते हुए कहा यहाँ वैसे ही शादी दो महीने से ज़्यादा नहीं टिकती) रज़ा को विश्वास नहीं हुआ। ख़ुद को भरोसा दिलाने के लिए वे बहुत दिनों बाद घर से बाहर निकले और उस पुल को देखने आये। वहाँ मैंने बताया कि ऐसा ही एक पुल और है जो नॉत्र-दोम चर्च के पास है। और यहाँ का मेयर इन चाबियों को नदी से निकालने पर काफ़ी पैसा ख़र्च करता है और वे चाह कर भी इस अन्धविश्वास को बन्द नहीं करा पा रहे हैं। उनके लिए यह बड़ा झटका था। उन्हें इस पर भरोसा करने में समय लगा। वे कुछ दिन सुबह नाश्ते की मेज़ पर यही बातें करते रहे। उनका इतने सालों का भरोसा टूट रहा था। वे कोशिश करते रहे अपने देखे हुए को आत्मसात् करने की। ऐसा नहीं कि फ्रांस में सभी कुछ उतना ही उजला और साफ़-सुथरा होता है जिसका भरोसा किया था उन्होंने। उनका अनुभव कुछ विचित्र रहा और जब मैंने ध्यान दिलाया तभी इस पर ध्यान गया। एक दूसरा उदाहरण है :

रज़ा के साथ एक घटना वर्ष चौहत्तर में हुई, उन्हें सड़क पर कहीं चक्कर आ गये और वे चार घण्टे के लिए बेहोश रहे। सामान्य देख-रेख के बाद उन्हें अस्पताल से छुट्टी मिल गयी। डॉक्टर ने उन्हें दोपहर और रात के खाने के बाद की दवाई एक महीने लेने के लिए बताया और वे नियमित रूप से उसे आज तक लेते रहे। लगभग चालीस सालों से। मेरा ध्यान इस तरफ़ गया, जब गोर्बियो में बहुत बार ऐसा हुआ कि हमलोग किसी के घर रात के खाने पर आमन्त्रित हैं और रज़ा अपनी दवाई ले जाना भूल गये हैं। खाने के बाद

जब उन्हें दवाई की याद आती और नहीं रहने पर वे परेशान हो जाते और उनकी बेचैनी बढ़ती जाती। मेजबान के लिए यह स्थिति असुविधाजनक हो जाती। मैंने उनसे पूछा, आप ये दवा किस बात की लेते हैं तब उन्होंने यह सब बतलाया। मुझे आश्चर्य हुआ कि डॉक्टर ने भी दुबारा जाँच नहीं की और न ही कभी उन्हें दूसरी बार चक्कर आया। वे बिला-वजह ये दवाई बरसों से नियमित खा रहे थे। मेरे कहने पर एक हफ़्ते के लिए दवाई लेनी बन्द कर दी। छह दिनों तक उसका कोई ग़लत असर नहीं दिखायी दिया, आख़िरी दिन वे बोले मुझे थोड़ा चक्कर सा आ रहा है। किन्तु यह चक्कर उन्हें आँख के चश्मे का नम्बर बढ़ने से आ रहा था, उस दिन आँख की जाँच कराने पर पता चला। इसका सीधा अर्थ यही था कि उन दवाइयों को खाने की कोई ज़रूरत नहीं थी। किन्तु रज़ा वो दवाई लेते रहे और जब फ्रांस छोड़कर भारत आये तब उन्होंने हमेशा के लिए दवाई लेनी बन्द कर दी। इसी तरह उनके साथ आँखों को लेकर भी हुआ। उनकी बायीं आँख में मोतियाबिन्द का ऑप्रेशन फ्रांस में हुआ और सफल नहीं रहा। उनकी दूसरी आँख का ऑप्रेशन भारत में हुआ जो सफल रहा और वे आख़िर तक उसी एक आँख के भरोसे रहे। और सबसे विचित्र बात यह थी कि फ्रांस के किसी डॉक्टर ने उन्हें सलाह दे दी कि आप जो खाना खाओ, उसे चबाकर निगलना मत। रज़ा ने खाना चबाकर उसे निगलना बन्द कर दिया। मैंने उस डॉक्टर का नाम रज़ा से बहुत बार पूछा कि कौन बेवकूफ़ डॉक्टर है जो खाने को लेकर इतनी ग़लत सलाह दे रहा है। मेरी नाराज़ी देख उन्होंने उसका नाम कभी बतलाया नहीं। किन्तु इस कारण उन्हें बहुत कष्ट बाद में झेलना पड़ा। यह सब मैं रज़ा से कहता रहता और फ्रांस का मज़ाक़ भी उड़ाता, किन्तु वे टस से मस न होते। हालाँकि मैं यह सब मज़ाक़ के रूप में कह रहा हूँ ये बात वो भी जानते थे। किन्तु बात में तर्क होता था। वे समझते थे मगर जिद्दी होने से किसी की सुनते न थे। उनके लिए जानीन ही थी जो बतला सकती थी जिनकी बात वह मान सकते थे। उन्होंने दवाई लेनी भारत में आने के बाद एकदम बन्द कर दी और उन्हें कुछ नहीं हुआ।

रज़ा के लिए उनका स्टूडियो ही मक्का-मदीना था जहाँ सभी प्रार्थनाएँ की

जा सकती थीं। वे डूबकर काम कर रहे थे और उनकी दिनचर्या सिकुड़ रही थी। वे स्टूडियो में ही समय बिताना पसन्द करने लगे। उनका बस चलता तो वे खाना भी वहीं खाने लगते किन्तु उनकी मेड यह करने न देती। वह साफ़-सफ़ाई के बाद खाना बना कर मेज़ पर रख जाती बाक़ी दिनों का फ्रिज में। रज़ा के लिए उनका कैनवास, रंग और स्टूडियो ही पूरा संसार था। रविवार की सुबह चर्च जाना आख़िर तक बना रहा। रज़ा की ख़ासियत यह थी कि वे ख़ुद पर भी काम करते। यदि उन्हें कोई धुन सवार हो गयी तब वे उसके अनुसार अपने को ढालने में एड़ी-चोटी का जोर लगा देंगे। उनका कहना था कि आपको अपनी क्षमता के एक स्तर पर पहुँचना होता है। यह क्षमता पाने और बढ़ाने के लिए काम करना होता है। यह बात रुडी ने बहुत सुन्दर ढंग से कही है :

> पेरिस में प्रारम्भिक वर्ष कठिन लेकिन अत्यधिक उत्तेजना से परिपूर्ण थे। रज़ा ने कठोर परिश्रम किया, अर्थाभावग्रस्त थे और अक्सर बहुत अकेले लेकिन उन्होंने स्वयं को नये जीवन के प्रति पूरी तरह से उत्सर्ग कर दिया और उन नये प्रभावों के प्रति भी जो कि उनके ऊपर उत्तरोत्तर ऊँचे स्वर में प्रबल आरोह की तरह, हर बार नयी शक्ति के साथ लगातार टूटे। जीवन में पहली बार वे एक ऐसी दुनिया के सम्पर्क में आये जहाँ कला को पूरी तौर पर गम्भीरता से लिया जाता था और निश्चित रूप से जीवन का एक हिस्सा था, जो उसे चारों ओर से घेरे हुए थी। पहली बार उन्होंने यह अनुभव किया कि यूरोप में कलाकार के लिए अध्ययन करने, सीखने, देखने और ख़ुद को सँवारने के हज़ारों सुविधाजनक अवसर उसकी पहुँच के दायरे में हैं।

रज़ा जानीन के बाद वापस उसी हालत में थे नितान्त अकेले और उन्होंने इस बार अपने को काम में झोंक दिया। उनकी एकाग्रता के लिए पुनर्जागरण काल की कलाकृतियाँ थीं, मिनिएचर चित्र थे, यक्ष-यक्षिणी थे, बाइजेंटाइन चित्रकला, रोमन शिल्प और इतालवी कलाकृतियाँ, खजुराहो और कोणार्क के मन्दिर, प्रिंस ऑफ़ वेल्स म्यूज़ियम के मालवा मिनिएचर और जैन लघु चित्रों की सीख, तन्त्र और गुप्तकालीन शिल्पाकृतियाँ मौजूद थीं और इतनी लम्बी यात्रा का अनुभव उन्हें सम्भाले था। वे आगे लिखते हैं :

रज़ा कहाँ जा रहे हैं? प्रशनगोई करना निरर्थक है अथवा कलाकार से यह

कहना कि उसे किस लक्ष्य का सन्धान करना चाहिए। मुझे यह बोध है कि वर्तमान काम एक नवीन रूपान्तरण की प्रक्षेप-गति या कलात्मक-उच्छलन की प्रक्रिया में है। उनके चित्रांकन अब अनिवार्य रूप से अमूर्त्त हो गये हैं। मैं यह आशय सम्प्रेषित करना चाहता हूँ कि उनके बिम्बों की ऊर्जस्वित शक्ति, बहुत अल्प मात्रा में, दृष्टव्य जगत् के तत्वों पर अवलम्बित है जो एक अलग सुस्पष्ट भाषा बोलते हैं, उनके लिए जो सुनने में सक्षम हैं अथवा सुनने की इच्छा रखते हैं।

रज़ा इन दिनों एक के बाद एक ख़ूबसूरत कैनवास रच रहे थे। अभी उनकी उम्र का असर आना बाक़ी था। इन चित्रों में मुख्य रूप से बिन्दु ही केन्द्र में था किन्तु वे यदा-कदा बिन्दुविहीन चित्र भी रच रहे थे। उनकी रंग-पैलेट अब और परिपक्व हो गयी थी। रंग मानों साँचे में ढाल कर सुघड़ और संयोजित, अनुपात में अद्वितीय लगाये जा रहे थे। इस दौर के कुछ चित्र अकल्पनीय हैं। 'जागृति', 'बिन्दु', 'प्रेम-कुण्ड', 'रस', 'पंच-तत्त्व', 'ध्यान', 'सूर्य-नमस्कार', 'गर्भ-गृह', आदि अनेक चित्र देखने योग्य हैं। रज़ा की सोच-समझ बहुत ही साफ़ और सीधा सोचना उनकी ख़ासियत रही है। वे कहते हैं :

मनुष्य और ब्रह्माण्ड का आन्तरिक सम्बन्ध होता है और बहुत बड़ी बात है इसको चित्रकला में लाना। तो मेरा प्रयत्न है कि इस आइडिया को बहुत ज़्यादा बढ़ाया जाये। मैं चाहता हूँ चित्र बनें, काले रंग से शुरू होकर सारे रंगों की ओर जायें, फिर सफ़ेद कैनवास की तरफ़। मेरी ख़्वाहिश है अब मैं कुछ ऐसे चित्र बना सकूँ जो फंडामेन्टल हों। दूसरी बात मैं यह कहूँगा जो पहले कहनी चाहिए थी। आपको अपने दिल की बात बता रहा हूँ। मेरी चित्रकला की कोशिश बहुत धीमे-धीमे हुई है। कुछ तमीज़ नहीं थी। बस हमारे सामने दो ही चीज़ें थीं —एक हमारी मूर्त्तियाँ थीं और दूसरी ओर ये बेनाम बाज़ार के प्रिंट थे, जो बिलकुल वल्गार थे। इनमें न तो कला है न धार्मिक फीलिंग। जहाँ तक मेरा ख़्याल है ये हिन्दू धर्म में भी नहीं है, न इस्लाम में है। क्रिश्चियनिटी में ऐसी तसवीरें थीं जिनमें ख़ूबसूरत-सी औरत बना देते हैं। क्राइस्ट को ख़ूबसूरत 'यंग-मेन' बना देते हैं। मण्डला, दमोह में इसी तरह के चित्र और मूर्त्तियाँ देखी थीं। मैं सच कहता हूँ उस समय मेरी धार्मिक प्रेरणाएँ उतनी ही विकसित थीं जितनी हिन्दुओं की डिग्निटी। इसके अतिरिक्त मैं कुछ नहीं कह सकता। अब वृहत्ताकार से बीज तक जाऊँ। मैंने उस आइडिया को

> विकसित करने की कोशिश की है। एक बिलकुल आसान तरीक़े से मैं काम शुरू करूँ जिसको एनलार्ज करें तो एक वृत्त बन जाता है। अब दैहिक और आत्मिक तत्त्वों के मिलाने से एक क़िस्म की ऊर्जा पैदा होती है। उस ऊर्जा से रंग दिखायी देते हैं। ये रंग पाँच होते हैं। हमारे यहाँ इनको पंच-तत्त्व कहा गया है। हो सकता है कि हिन्दू धर्म में ये पंच-तत्त्व दूसरे हों, जो 'क्षिति जल पावक गगन समीरा' से मिलते हों या रंगों में उनके समकक्ष हैं जो पाँच रंगों के नाम हैं। अब इन पंच-तत्त्वों को केंद्रीकृत, संगठित किया जाये तो वही बात होती है जो पंचभूत शैली में होती है।

रज़ा के साथ ज्यामिति, रंग और ये सब विश्वास थे जिनसे रचा जा रहा था। रज़ा के चित्र अब और मुखर हो गये थे। उनमें वैसी गम्भीरता देखना अब मुश्किल था, जो रज़ा का सुनहरा समय था, जिसका ज़िक्र ऊपर कर आया हूँ। अब रज़ा दुहराव और सुरक्षित संसार रच रहे थे। इनमें से ज़्यादातर वही विषय थे जिनका सर्वश्रेष्ठ वे पहले चित्रित कर चुके थे। ऐसा नहीं है कि वे सिर्फ़ दुहरा ही रहे थे उनमें यह भीतरी प्रतिभा थी जिससे ख़ुद को ख़ारिज करने का जोख़िम वे अक्सर उठाया करते थे। अब रज़ा अपनी प्रसिद्धि से निरपेक्ष किन्तु आश्चर्य भी करते रहे कि लोगों को क्या हो गया है। एक दिन जब मैं बाहर से लौटा तो देखा उनके स्टूडियो में कुछ अमरीकी मेहमान बैठे हैं। रज़ा ने परिचय कराया और वे सब रज़ा के चित्र ख़रीदने आये थे जो उनके पास नहीं थे। रज़ा के चेहरे पर विचित्र-सा भाव था। वे संकोच और संशय से बात कर रहे थे। उनकी परिचित बात करने की शैली नदारद थी। उनका हास्य-बोध भी इस्तेमाल नहीं हो रहा था। वे लोग जब चले गये, रज़ा ने मुझसे कहा आप भरोसा करेंगे वे लोग ये कालीन माँग रहे थे। रज़ा ने कालीन की तरफ़ इशारा किया, बरसों से यह कालीन उनके स्टूडियो में बिछा हुआ था, काम करते-करते उस पर अनेक रंग के धब्बे गिरे और पानी का दाग़ पड़े हुए थे। रज़ा को विश्वास न था और वे कहने लगे कल कोई ये कुर्सी या इस स्टूल को माँगेगा। वो कुर्सी और स्टूल रज़ा के स्टूडियो में बहुत समय से होंगे और रज़ा अक्सर अपना ब्रश इन पर पोंछा करते थे, वे अपने-आप में रंगीन कलाकृति-सी दिखने लगी है इस पर ध्यान मेरा पहली बार गया। मगर रज़ा चकराये से लगातार यही कहते रहे कि ये क्या हो रहा है? क्या पैसा खोटा हो रहा है?

मुझे उनकी उस प्रदर्शनी का ख़्याल हो आया। रज़ा, हुसेन, गायतोण्डे और बहुत से अन्य कलाकारों के अभिन्न मित्र बाल छाबड़ा ने वर्ष उन्नीस सौ उनसठ में मुम्बई में 'गैलरी 59' खोली। इसके पहले बाल छाबड़ा के चित्रकार होने की घटना सुनाना ज़रूरी होगा। बाल छाबड़ा फ़िल्म-मेकिंग की पढ़ाई कर अमेरिका से लौटे और अपनी पहली 'दो राहा' फ़िल्म बनायी जो बुरी तरह पिट गयी। इस फ़िल्म के कला निर्देशक गायतोण्डे थे। जो बाल के अच्छे मित्र थे। गायतोण्डे के मित्रों में हुसेन थे और जब बाल और हुसेन का परिचय हुआ तो बाल दूसरी फ़िल्म की तैयारी कर रहे थे। बातचीत में बाल ने हुसेन से अगली फ़िल्म के कला निर्देशक बनने की पेशकश की, हुसेन इस शर्त पर तैयार हुए कि बाल छाबड़ा पेंटिंग करना शुरू करें। जो बाल ने शुरू कर दी। इसी दौरान जापान में किसी द्वैवार्षिकी प्रदर्शनी के संयोजक भारत आये कुछ भारतीय कलाकारों के चयन के लिए। उन्होंने रज़ा, रामकुमार, तैयब, सूज़ा आदि अनेक कलाकारों का चयन किया और हुसेन के पास जा पहुँचे। हुसेन के आग्रह पर उन्होंने बाल छाबड़ा के चित्र भी देखे और उन्हें भी निमन्त्रण मिला। इस प्रदर्शनी में बाल छाबड़ा के चित्र 'devil's workshop' को गोल्ड-मेडल मिला। और इस तरह बाल ने फ़िल्म बनाना छोड़ा और चित्र बनाना शुरू किया। कलाकारों की मुसीबतों से परिचित बाल ने गैलरी खोली जिसमें इन सभी कलाकारों के चित्रों से उसका उद्घाटन हुआ। उस पहली प्रदर्शनी में लगभग सभी चित्र बिक गये जिसकी ख़ुशी में दी गयी शाम की पार्टी में सभी उल्लसित और हैरान से थे।

रज़ा ने कहा 'आज ये क्या हो गया'

बाल चीख़ा 'लोटा उलटा हो गया'

हुसेन ने कहा 'पैसा खोटा हो गया, आज ये क्या हो गया'

कुछ दिनों के बाद मैंने देखा वो अमेरिकन पीछे पड़कर कालीन और स्टूल ख़रीद ले गया। अब रज़ा के स्टूडियो में नया कालीन बिछा था और एक नया स्टूल आ गया था। ये सब वही लेकर आया था जो पुराने वालों से ज़्यादा महँगा था। रज़ा उस नये माहौल में अपनी जुगत बिठा रहे थे। रज़ा रंगों को उनकी रूढ़ स्मृति से मुक्त कर रहे थे। वे अब इस जगह आ पहुँचे थे जहाँ रंग उनके लिए अपरिचित नहीं रह गये थे। वर्षों की साधना और ध्यान से

रंग और रज़ा अब एक ही हो चुके थे। मैंने देखा रज़ा को चित्रित करने में यानि इसे अँग्रेज़ी में कहूँ तो ज़्यादा आसान होगा, Act of painting में मज़ा आता था। वे कैनवास का एक बड़ा-सा हिस्सा, या शान्ति बिन्दु का बड़ा-सा बिन्दु घण्टों एक छोटे ब्रश से चित्रित करते रहेंगे, शायद उन्हें दो या तीन दिन लग जायें तब भी वे उसी ब्रश से करते रहेंगे और ऐसा नहीं है कि रज़ा के स्टूडियो में बड़े ब्रश नहीं थे या रोलर नहीं रखा था। वे शान्ति से शान्ति बिन्दु चित्रित करते हुए कई दिन निकाल सकते हैं और मैंने देखा कि उनके इस धीरे-धीरे छोटे ब्रश से रंग भरने में अनेक तरह के टेक्सचर पैदा होते रहते थे जो चित्र की संवेदना को बढ़ाते हैं। इन टेक्सचर में रज़ा अपना समय और अपने विचार भी चित्रित करते जाते हैं। इन टेक्सचर में उस रंग की रंगतें भी उभरती जाती हैं। कई बार हम दोनों इस पर बात भी करते थे और रज़ा एकाध-बार बड़े ब्रश को भी मौक़ा दे देते किन्तु जल्दी ही वापस उस छूटे ब्रश को उठा लेते। यह उनके काम करने का मुफ़ीद ढंग था जिसमें उनकी बात रंग और कैनवास से भी होती रहती और वे अब काम बन्द करने के बाद कैनवास को हाथ जोड़कर, सर झुकाकर प्रणाम करना नहीं भूलते। उनके शान्ति-बिन्दु का काला रंग या कि सूर्य-नमस्कार का काला सूरज सिर्फ़ काला बिन्दु मात्र नहीं है। सिर्फ़ काला रंग यदि आप देख रहे हैं तो मैं चाहूँगा आप एक बार फिर देखें। उसमें रज़ा के द्वन्द्ध भी चित्रित हैं। रज़ा का समय ही नहीं रज़ा का देखना भी छुपा है जिस तरह उन्होंने काले रंग को देखा है। उसमें मण्डला के जंगल का अँधेरा और रज़ा के मन का भय भी छिपा है। रज़ा का डर उस काले को आलोकित करता है। रज़ा ने रंगों को उनकी रूढ़ि से मुक्त कर नयी पहचान भी दी है। काला सिर्फ़ उदास काला नहीं है या कि लाल उच्छृंखल लाल नहीं है, सफ़ेद शान्त भर नहीं रहा या कि नीला आकाश भर में नहीं सिमटा है। चित्र को देखना होगा, तब वह आपसे बात कर अपने रहस्य खोलेगा। रज़ा के चित्र उकसाते हैं। आपके देखने को खींच लेते हैं।

आश्चर्यलोक के इसी अचम्भे को रज़ा ने साधा है, अपनी कड़ी मेहनत और एकाग्रता से। प्रतिभा और ज़िद से। जूनून और प्यार से। रज़ा के चित्रों का सच उन रंगों में नहीं है। उन स्थापनाओं में नहीं है। रज़ा के उन विश्वासों में

नहीं है। उन धारणाओं में नहीं है जिस पर रज़ा का भरोसा है। रज़ा के चित्रों का सच उस भय में है जो रज़ा के भीतर बचपन में समाया उन भटकनों के बीच, जो जंगल की लुका-छिपी वाली स्थिति के भीतर था। जहाँ एक बालक अपनी जिज्ञासा लिए उस जंगल के नीरव एकान्त में सुकून के कुछ क्षण खोजता है। कुछ चमकता सा पाता है। वह पाता है कि जंगल से भयानक जंगल की कहानियाँ हैं। जिनमें हर अनजान से ख़तरा है। जीवन की सुरक्षा ही इन कहानियों का केन्द्र है। मगर उसका जंगल भय के साथ रोमांच का अनुभव भी देता है। ढूँढ़ने के साथ पाना भी जुड़ा है। अन्धकार में उजाला है। उजाले का स्रोत अँधेरा है। यह अँधेरा इतना डरावाना नहीं है और इसमें छिपे अनजान का भय है। यह बात ज़ाहिर है रज़ा ने उस वक़्त न समझी हो और शायद कभी इस तरफ़ ध्यान भी न गया हो, किन्तु उनके रंगों की उजास में उनके द्वारा लगाये गये काले रंग की गहराई में वह सब दिखता है। उनका काला रंग वैसा काला रंग नहीं है जो वैषम्य दिखाता हो, यह काला उस चित्र के दूसरे रंगों की तरह ही उसका हिस्सा है। कोई यह कह सकता है कि यह भी कोई बात है, सभी काले रंग चित्र में इसी तरह का स्थान रखते हैं। मगर रज़ा के सन्दर्भ में यह बात नहीं कही जा सकती, उनका रंग प्रयोग संवाद तो करता ही है और साथ ही सभी रंग की उपस्थिति उसी तरह है मानों वे एक परिवार के सदस्य हों, जिनका स्वभाव भिन्न है। वे आपस में मिलजुल कर रहने वाले सदस्य हैं जो अपनी विशेषताओं के कारण अपना महत्त्व भी दर्शाते हैं। रज़ा के चित्र आकर्षित तो करते ही हैं, उस आकर्षण में हम देखना भूल जाते हैं। उन्हें ध्यान से देखना उनका प्रकटन है। इस प्रकटन में वे उद्घाटित होते हैं। इस उद्घाटन में वह बात करते हैं और तब आप जान पाते हैं उनका होना। रज़ा ख़ुद कहते हैं इन रंगों के बारे में कि भारतीय कला में रंग एक तरह भाव-समाधि का, आनन्द का पर्याय है। रज़ा जिसे भाव-समाधि कह रहे हैं वह जिज्ञासा में खोजा गया सच है। यह समाधि उस अँधेरे में लगी है जहाँ कुछ दिखायी देना मुश्किल है और एक लौ लगी है कुछ पाने की। यह समाधि की अवस्था है जब हम अँधेरे में कुछ पाने के लिए हाथ-पाँव मार रहे होते हैं। यदि हम रज़ा के चित्रों को उनके शुरुआती दौर से देखें तो पायेंगे कि रज़ा की रंग-पहुँच उसी भय से संचालित है। उसमें पाने-खोजने का खेल लगातार चल रहा है। रज़ा के रंग-प्रयोग को ध्यान से देखें तब यह स्पष्ट हो

जाता है कि रज़ा की रंग-पैलेट सीमित है, उन्हें बहुत से रंग नहीं चाहिए। उनके पास लाल रंग की एक रेंज है। दूसरे नीले और हरे की। तीसरे उन्होंने सफ़ेद रंग से कुछ चित्र बनाये हैं जो उनके बाद के समय के चित्र हैं। उसमें बहुत ज़्यादा चित्र संसार नहीं दिखता। किन्तु जो भी चित्र बने हैं उनमें रंग-संवेदना गहरी है। वे अक्सर कल्पना करते थे एक संग्रहालय की, जिसके एक कक्ष में उनके सिर्फ़ तीन चित्र सफ़ेद रंग-योजना वाले टाँगे जायें। इन तीन चित्रों का प्रभाव यही सोच थी। उससे उत्पन्न पवित्र भाव उन्हें आह्लादित करता था। कल्पना में ही हो रहा था। कभी ऐसा न हो सका कि उनके तीन चित्र एक कक्ष में प्रदर्शित हुए हों। किन्तु इस विचार से वे हमेशा उत्तेजित रहे।

रज़ा की ख़ासियत यह रही कि वे किसी परिस्थिति को सुलझाने में समय लेते रहे हैं। वे उससे घबरा कर नाता नहीं तोड़ेंगे न ही उसका विकल्प खोजेंगे। वे बस कुछ समय लेंगे। उस पर विचार करने के लिए सोचेंगे और उसका हल निकाल लेंगे। वे धैर्य और विचार की जगह हमेशा खुली रखते रहे हैं। परेशानी मिज़ाज है। उससे सम्बन्ध बनाने में समय लगता है यह रज़ा जानते हैं। धीरे-धीरे वे मसरुफ़ होने लगे अपनी प्रदर्शनी और चित्रों के संसार में। उन्हें मेरे समय में मिथकों की कथाएँ सुनना अच्छा लगता था और वे मानवीय गुण-अवगुण से भरे देवताओं के क़िस्से सुनकर चकित रहते। उनके पास करने को बहुत कम था। सिर्फ़ चित्र बनाना ही एक कर्म बचा जिस पर वे अडिग रहे। उन्हें याद भी सताने लगी। वे पिछले पचास से ज़्यादा वर्षों से पेरिस रह रहे थे और उन्होंने भारतीय नागरिकता नहीं छोड़ी थी। उनका पासपोर्ट आज भी भारतीय था और उस पर घर का पता उनके प्रिय मित्र बाल छाबड़ा का ही रहा। वे उसके नवीनीकरण के लिए मुम्बई आते और अपना वीसा भी ठीक कराते रहे। रज़ा का मन अब फ्रांस में नहीं लग रहा था। वे रहते ज़रूर थे, पेरिस में किन्तु उनका मन भारत लौटने का बन रहा था। उन्हें चिन्ता थी बहुत सी बातों की और वे बेफ़िक्र थे कई मामलों में। रज़ा के शब्दों में :

> मैं भीतर से ख़ाली हो गया था। कुछ समय के लिए मैंने चित्र बनाना बन्द कर दिया। मैं अपने भीतर देखने की कोशिश कर रहा था बजाय बाहरी दुनिया के। यह बहुत मुश्किल समय था जब सब कुछ गहरे अन्धकार में था। एकदम ख़ाली। किन्तु मैं रुका नहीं, मैंने अपनी प्रज्ञा को जगाये रखा। और धीरे-धीरे

ख़ाली जगह में एक बिन्दु उभरा। बढ़ते-बढ़ते इसने वृत्त का रूप ले लिया। एक बिजली-सी कौंधी, मेरी ऊर्जा जागृत हो गयी। रास्ता सूझने लगा, धीरे-धीरे रंग दिखायी देने लगे। सफ़ेद, पीला, नीला, लाल। यह स्वाभाविक था कि काला रंग इन्द्रधनुष में बदलेगा।

वे चित्रों में ख़ुद को महफ़ूज पाते थे। वाल्डेमॉर जार्ज का लिखा सच हो रहा था :

रज़ा जिन्होंने कई प्रदर्शनियाँ फ्रांस, जर्मनी, कनाडा, भारत, संयुक्तराज्य अमरीका में की हैं, अपना समय पेरिस के सिक्रेतां एवेन्यू स्थित अपने स्टूडियो में, जहाँ वे भारतीय ढंग से पालथी मारकर बैठ काम करते हैं, व्यतीत करते हैं और शेष समय इले-दि-फ्रांस की एक देहाती कॉटेज और मांतों के निकट पहाड़ियों के हृदय में बेस क़िले से घिरे गाँव में एक अड्डे पर बिताते हैं। चट्टानों के मध्य सीढ़ियों के नीचे एक विशाल तलघर है। वहाँ प्रकाश सिर्फ़ आकाश किरणों और एक छोटे से दरवाज़े से दाख़िल होता है।

सफ़ेद दीवारों की यह गुफा ध्यानस्थ होने में मदद करती है। वहाँ रज़ा अकेले रहते हैं या अपनी पत्नी जानीन मोंजीला के संग, जो अपनी ही शैली की चित्रकार हैं और अपने बिरले गुणों के लिए जिन्हें बहुत प्रशंसा मिली है। उनके माल-असबाब में नानबाई की एक विशाल मेज़, बेडौल ढंग से निर्मित कुछ कुर्सियाँ, विवाह की एक सन्दूक और प्रसाधन की मेज़ है। दूसरी चीज़ों में गुलाबी संगमरमर की एक टॉप, एक फव्वारा, जस्ते की तश्तरियाँ,हाथों से निर्मित रसोई के बर्तन, एक तेल की कुप्पी और कुछ ढलवाँ लोहा। किसी को फिलिप डी शैम्पेन, लि नैन या जुरबारान के अन्तःपुर याद आ सकती है। क्या रज़ा, पाब्लो पिकासो की तरह कहेंगे : 'मैं खोजता नहीं हूँ?' वे आन्तरिक प्रेरणा के अनुसार चलते हैं। 'पाता हूँ' का आशय है 'मुझ पर रहस्योद्घाटन हुआ है।' और फिर भी युवा भारतीय कलाकार का पहला मौलिक काम एक ज्यामितिकार का सुव्यवस्थित चेतना को प्रतिश्रुत है, संवेदनशील लेकिन कठोरता को समर्पित। रज़ा उस नियम के पक्ष में हैं जो संवेगों को ठीक करता है, सेज़ां और ब्रॉक का अनुसरण करते हुए वे सतह को विभाजित करते हैं, सशक्त रेखाएँ खोजते हैं और एक-दूसरे को काटते धरातलों पर उन्हें लेते हैं।

'यह रहस्योद्घाटन हुआ मुझ पर' यह कुछ वैसा ही है, जो बचपन में जंगल में घूमते-खोजते हुआ करता था। उस वक़्त भी जंगल के अँधेरों में अचानक

किसी का उजागर होना, वह एक जानवर हो सकता था, या सरकता साँप, या कोई एक रंग का फूल, यह सब रज़ा के लिए एक अचम्भा था जिस पर उनकी कोई पकड़-पहुँच नहीं थी और अब भी अपने चित्रों के इस रहस्योद्घाटन पर रज़ा की कोई कोशिश कारगर नहीं है। वे चित्र बन जाते हैं, बनाये नहीं जाते। उनका अचम्भा अकेला उनका है जिससे रज़ा भी उपकृत होते हैं और दीर्घा में दर्शक भी। इस चित्र-उजागर के करिश्मे ने रज़ा को प्रेरित किया जानीन का ग़म भुलाने को। दो हज़ार दो के बाद पिछले चौदह सालों में रज़ा ने लगभग तीस एकल प्रदर्शनियाँ कीं जो उनकी आन्तरिक सक्रियता, उनके एकाग्र होने और अपने को रंगों के संसार में डुबो देने का प्रमाण है।